Grammatik
Intensivtrainer NEU
A2

Christiane Lemcke · Lutz Rohrmann

Klett-Langenscheidt
München

Lesen Sie.   Sprechen Sie.   Kreuzen Sie an.   Schreiben Sie.   Markieren Sie.   Ergänzen Sie.   Ordnen Sie zu.

 In den Tipps erhalten Sie Hinweise, wie Sie besser lernen können.

 In den Aussprachekästen erhalten Sie Hinweise zur Aussprache bestimmter Phänomene und können diese Phänomene üben.

 Wiederholung: Hier wird Grammatik aus der Stufe A1 wiederholt.

 Rezeptiv: Diese Formen sollten Sie verstehen können, aber Sie müssen sie noch nicht aktiv verwenden können.

 Übungen mit diesem Zeichen geben einen ersten Einblick in Prüfungsformate.

Von Christiane Lemcke und Lutz Rohrmann

Layout: Andrea Pfeifer
Umschlag: Bettina Lindenberg, München,
unter Verwendung eines Fotos von franckreporter/iStockphoto.com
Illustrationen: Theo Scherling
Redaktion: Carola Jeschke

www.klett-sprachen.de
www.klett-sprachen.de/intensivtrainer

1. Auflage   1 ⁶ ⁵ ⁴ ³ ² ¹ | 2018 17 16 15

© Klett-Langenscheidt GmbH, München, 2015

Das Werk und seine Teile sind urheberrechtlich geschützt. Jede Verwendung in anderen als den gesetzlich zugelassenen Fällen bedarf der vorherigen schriftlichen Einwilligung des Verlags.

Satz und Repro: Satz und mehr, Besigheim
Gesamtherstellung: Print Consult GmbH, München

ISBN 978-3-12-605166-8

Inhalt

A	**Selbsttest A1**	4
B	**Sätze**	9
1	Satzarten: Aussagesätze, W-Fragen, Ja/Nein-Fragen, Imperativsätze	9
2	Hauptsatz und Nebensatz: *dass, weil, wenn*	10
3	Temporale Nebensätze mit *als, bis, bevor*	14
4	Relativsätze im Nominativ und Akkusativ	15
5	Indirekte W-Fragen: *wie, wo, wann* …	17
6	Satzverbindungen: *deshalb*	18
7	Zusammenfassung: Haupt- und Nebensätze	19
8	Die Satzklammer bei trennbaren Verben, Modalverben und im Perfekt	22
9	Das Passiv	23
10	Vergleiche mit *genauso … wie, nicht so … wie, … als*	25
11	Satzbaupläne	27
12	Sätze und Texte sprechen	29
C	**Wörter**	30
13	Verben: Präsens, Partizip II, Perfekt, Präteritum von *sein* und *haben*	30
14	Vergangenheit: Perfekt	31
15	Vergangenheit: Präteritum	36
16	Modalverben: Bedeutung	38
17	Konjunktiv II: *haben, können* und *würde*-Form	40
18	Imperativ	43
19	Zusammenfassung: Verbformen	45
20	Nomen und Artikel: Nominativ, Akkusativ und Dativ	47
21	Nomen und Artikelwörter: *der, dies…, (was für) ein, kein, mein, welch…, alle*	51
22	Pronomen: *der/das/die, dies…, ein…, kein…, mein…, welch…*	57
23	Indefinita	59
24	Personalpronomen: Nominativ, Akkusativ, Dativ	62
25	Fragewörter	65
26	Reflexivpronomen: *mich, dich, sich* …	66
27	Zusammenfassung: Artikelwörter, Pronomen, Indefinita	68
28	Adjektive nach: *der, das, die, dieser, dieses, diese*	70
29	Adjektive nach: *ein, kein, mein, dein* …	72
30	Adjektive vor dem Nomen – ohne Artikel	74
31	Vergleiche: Komparativ und Superlativ	75
32	Präpositionen	77
33	Präpositionen: temporal (Zeit) und lokal (Ort)	79
34	Wechselpräpositionen: Ort (Dativ) oder Richtung (Akkusativ)	80
35	Zusammenfassung: Grammatiktraining A2	81
D	**Anhang**	85
36	Verben mit Präpositionen	85
37	Unregelmäßige Verben in A1 und A2	87
38	Lösungen	90
	Bildnachweis	96

Selbsttest A1

1 Fragen und Antworten – Schreiben Sie die Sätze.

1. ● heißen / wie / Sie / ? _Wie heißen Sie?_
   ○ heißen / ich / … _____
2. ● in Iphofen / wohnen / Sie / ? _____
   ○ nein / wohnen / ich / in Iphofen / nicht _____
   in … / ich / wohnen _____
3. ● sprechen / Deutsch / Sie / nicht / ? _____
   ○ sprechen / Deutsch / ich / doch _____
4. ● der Kurs / anfangen / Uhr / wie viel / um / ? _____
   ○ Uhr / 17 / um _____
5. ● nach Hause / kommen / wann / du / ? _____
   ○ wissen / nicht / ich _____

2 Imperativsätze – Schreiben Sie die Fragen als Bitten.

1. Schreibst du mir eine Postkarte? _Schreib mir bitte eine Postkarte._
2. Hilfst du mir beim Kochen? _____
3. Ruft ihr mich morgen an? _____
4. Kommen Sie morgen zu mir? _____

3 Satzklammer bei Modalverben und trennbaren Verben – Ergänzen Sie.

1. ● Ich _____ morgen nach Dresden _____. (fahren/müssen)
   ● _____ du _____? (mitkommen)
2. ○ _____ du nicht nächste Woche _____? (fahren/können)
3. ● Nein, ich _____ mich dort mit meinem Chef _____ (treffen/wollen).
4. ○ Schade, ich _____ so gern die Frauenkirche _____ (sehen/möcht…), aber morgen _____ ich nicht _____ (mitfahren/können).

Selbsttest A1 — A

4 Satzklammer beim Perfekt – Schreiben Sie die Sätze im Perfekt.

1. ● Ich komme erst um acht Uhr nach Hause.
   Ich bin erst _____

   ○ Arbeitest du so lange?
   _____

2. ● Ich schreibe eine E-Mail an die Firma Benz & Söhne.
   _____

   ○ Schicken Sie ihnen auch eine Wegbeschreibung?
   _____

3. ● Am Sonntag besuche ich meine Eltern.
   _____

   ○ Triffst du dort auch deine Schwester?
   _____

5 Verneinung mit *nicht* oder *kein/keine* – Schreiben Sie die verneinten Sätze.

1. Herr Olsen ist gekommen.
   Herr Olsen ist nicht gekommen.

2. Er hat einen Brief bekommen.
   _____

3. Ich kann heute einkaufen gehen.
   _____

4. Ich habe genug Geld dabei.
   _____

6 Satzverbindungen mit *und, oder, aber, denn* – Verbinden Sie die Sätze mit der passenden Konjunktion.

1. Ich spiele gern Fußball. Ich habe nicht oft Zeit.
   Ich spiele gern Fußball, aber _____

2. Felix geht immer um zehn ins Bett. Er muss jeden Tag um fünf Uhr aufstehen.
   _____

3. Ich koche gern. Ich esse gern.
   _____

4. Kommst du morgen? Kommst du am Wochenende?
   _____

Selbsttest A1

7 ⓟ Lauras Brief – Ergänzen Sie die Lücken im Brief.

Erfurt, 18. September

Liebe Zelika, lieber Ron,

__1__ drei wunderschönen Wochen __2__ Spanien bin ich nun wieder zu Hause und zurück an meinem Arbeitsplatz. Ich denke noch jeden Tag an die Zeit bei Tina. Auch unser Sohn spricht noch oft von __3__ allen. Ich hoffe, ihr seid auch wieder gut nach Hause __4__ und __5__ jetzt nicht zu viel arbeiten. Bei __6__ hat die Arbeit gleich wieder voll angefangen. Ich __7__ wieder 40 Stunden und das ist schwer für __8__. Aber ich brauche das Geld. Alles ist jetzt sehr teuer in Deutschland. Vor allem die Heizung und der Strom __9__ sehr teuer. Wollt ihr __10__ im nächsten Jahr mal in Erfurt besuchen? Es __11__ ja jetzt sehr billige Flüge. Habt ihr an Ostern Zeit? Ihr könnt auch gern eure Tochter mitbringen. Wir __12__ genug Platz in unserer Wohnung. Letzte Woche __13__ Lukas eine Party. Da haben zehn Jugendliche hier __14__. Das __15__ dann schon ein bisschen viel.

Schreibt bald. Ich möchte gern mit euch in Kontakt bleiben.

Alles Liebe,
eure Laura
PS: Natürlich auch liebe Grüße von Lukas. ☺

---

1. ⓐ vor
   ⓑ nach
   ⓒ in

2. ⓐ in
   ⓑ auf
   ⓒ von

3. ⓐ euer
   ⓑ ihnen
   ⓒ euch

4. ⓐ gekommen
   ⓑ kommen
   ⓒ kommt

5. ⓐ müssen
   ⓑ müsst
   ⓒ muss

6. ⓐ mich
   ⓑ mir
   ⓒ ich

7. ⓐ gearbeitet
   ⓑ arbeite
   ⓒ arbeiten

8. ⓐ mich
   ⓑ uns
   ⓒ ihn

9. ⓐ war
   ⓑ seid
   ⓒ sind

10. ⓐ wir
    ⓑ uns
    ⓒ unser

11. ⓐ geben
    ⓑ haben
    ⓒ gibt

12. ⓐ hatten
    ⓑ gehabt
    ⓒ haben

13. ⓐ hatte
    ⓑ hat
    ⓒ gehabt

14. ⓐ übernachten
    ⓑ übernachtet
    ⓒ übernachte

15. ⓐ warst
    ⓑ war
    ⓒ waren

6

Selbsttest A1

8 P Die Antwort – Ergänzen Sie die Lücken im Brief.

London, 30. September

Liebe Laura,

vielen Dank __1__ deinen Brief. Auch Ron __2__ ich denken gern an die schönen Tage bei Tina. Jetzt hat uns der Alltag schon __3__ vier Wochen wieder. Ron __4__ viel reisen und ich gehe morgens meistens __5__ sieben Uhr aus dem Haus und bin oft erst spät am Abend wieder zurück. Es gibt zurzeit einfach so viel zu tun. Es ist erst Ende September, __6__ das Weihnachtsgeschäft __7__ für uns schon lange begonnen. Wie hat Lukas' Schule __8__? Hoffentlich kommt er in diesem Jahr gut zurecht. Tina __9__ übrigens sehr krank. Sie hat __10__ letzte Woche einen Brief geschrieben. Sie war eine Woche __11__ Krankenhaus, __12__ sie hat plötzlich nicht mehr richtig gehört. Jetzt geht es __13__ wieder besser, aber sie muss jeden Tag zum Arzt und sie muss viele Tabletten nehmen.

__14__ Dank für deine Einladung. Vielleicht kommen wir wirklich an Ostern zu euch. Aber bis dahin ist ja noch __15__ Zeit.

Liebe Grüße, auch an Lukas
Zelika

1. a von
   b für
   c zu

2. a und
   b oder
   c aber

3. a seit
   b vor
   c bis

4. a musst
   b müssen
   c muss

5. a an
   b seit
   c um

6. a aber
   b oder
   c denn

7. a haben
   b hat
   c hast

8. a anfangen
   b fängt an
   c angefangen

9. a warst
   b waren
   c war

10. a mir
    b mich
    c mein

11. a in
    b im
    c in der

12. a und
    b oder
    c denn

13. a ihr
    b ihm
    c ihnen

14. a Sehr
    b Vielen
    c Viel

15. a alles
    b ein
    c etwas

7

A Selbsttest A1

9 Partizip II – Ergänzen Sie die Partizip-II-Formen und *haben* oder *sein*.

arbeiten __hat gearbeitet__

bleiben __ist__

essen _____

fahren _____

fragen _____

glauben _____

lernen _____

lesen _____

machen _____

passieren _____

trinken _____

verstehen _____

10 Pluralformen – Ergänzen Sie.

das Haus _____

das Bett _____

der Garten _____

die Kartoffel _____

der Arbeitsplatz _____

der Beruf _____

der Job _____

das Hobby _____

das Glas _____

die Flasche _____

der Student _____

die Lehrerin _____

die Adresse _____

die Straßenbahn _____

11 Nomen und Artikel: Kasus – Ergänzen Sie die Endungen bzw. die Artikel.

1. ● Vielen Dank für dein_____ Postkarte aus d_____ Urlaub.

   Wart ihr immer a_____ Meer oder seid ihr auch mal in _____ Berge gefahren?

2. ● Ich habe gestern mit mein_____ Bruder telefoniert. Er wohnt jetzt in Warschau.

   ○ Ich habe mein_____ Schwester schon seit zwei Jahren nicht mehr gesehen.

3. ● Wohnst du in d_____ Blumenstraße oder a_____ Bebelplatz?

   ○ Wir sind gestern in d_____ Blumenstraße umgezogen.

4. ● Ich suche d_____ Bismarckplatz.

   ○ Gehen Sie hier bis zu_____ Kreuzung und dann rechts.

5. ● Ich suche eine kleine Wohnung für mein_____ Freunde.

   ○ Da hab ich heute ein_____ Anzeige in d_____ Zeitung gelesen. 70 qm für 650 Euro!

   Direkt bei_____ Bahnhof.

TIPP Überlegen Sie: Was kann ich gut? Was muss ich üben? Wiederholen Sie mit: „Grammatik Intensivtrainer A1 NEU".

Sätze **B**

1 Satzarten: Aussagesätze, W-Fragen, Ja/Nein-Fragen, Imperativsätze

1 Schreiben Sie Fragen zu den Antworten.

1. ● Wann _kommen_ _____
   ○ Ich komme morgen um zwei Uhr in Frankfurt an.

2. ● Bleiben _____ (Mittwoch)
   ○ Nein, ich bleibe nur bis Dienstag.

3. ● Wo _____
   ○ Ich übernachte im Hotel Ibis.

4. ● Wie _____
   ○ Ich fahre mit dem Auto nach Karlsruhe.

5. ● Wie lange _____
   ○ Ich bleibe drei Tage in Karlsruhe.

6. ● Wohin _____
   ○ Danach fahre ich weiter nach Basel.

2 Aussagesätze – Schreiben Sie die Sätze in zwei Variationen.

1. ich / fahre / nach Dortmund / mit der Bahn / morgen
   a) Morgen _____
   b) Ich _____

2. ich / fahre / mit der Bahn / oft / denn / ist / Autofahren / teuer
   a) Ich _____
   b) Oft _____

3. oft Sport / ich / mache / in meiner Freizeit
   a) Ich _____
   b) In _____

3 Imperativsätze – Schreiben Sie.

1. mir / helfen / bitte (SIE)   _____
2. zumachen / bitte / das Fenster (DU)   _____
3. kommen / zum Chef / morgen / bitte (IHR) _____
4. übersetzen / bitte / diesen Satz / mir (DU) _____

B Sätze

2 Hauptsatz und Nebensatz: *dass, weil, wenn*

Das kennen Sie schon: zwei Hauptsätze

Ich arbeite gern, **aber** am Wochenende arbeite ich nie.
Ich arbeite jeden Tag zehn Stunden **und** am Samstag muss ich manchmal auch arbeiten.
Mein Mann arbeitet nur vormittags, **denn** am Nachmittag kümmert er sich um unsere Kinder.

Das ist neu: Hauptsätze und Nebensätze

Hauptsatz			Nebensatz			
	Verb		Konjunktion	Verb		
Mein Chef	sagt	,	dass	ich mehr Geld	bekomme	.
Wir	arbeiten	jetzt viel,	weil	unsere Firma viele Aufträge	hat	.
Wir	arbeiten	weniger,	wenn	die Firma weniger	verkaufen	kann .
Wir	arbeiten	bald mehr,	weil	wir viele Aufträge	bekommen	haben .

Im Nebensatz steht das konjugierte Verb immer am Ende.

Nebensätze können auch vor dem Hauptsatz stehen. Der Hauptsatz beginnt dann mit dem Verb.

Nebensatz			Hauptsatz	
Konjunktion		Verb	Verb	
Weil	unsere Firma viele Aufträge	hat,	arbeiten	wir jetzt viel.
Wenn	die Firma weniger Aufträge	hat,	(dann) arbeiten	wir weniger.

Funktion von Nebensätzen mit *dass, weil, wenn*
Mit *dass*-Sätzen sagt man z.B. die eigene Meinung (a) oder man berichtet über etwas (b).

a Ich glaube/finde/denke/meine/weiß/hoffe / bin sicher, dass mir der Job Spaß macht.
b Sie sagt/schreibt / hat gesagt / hat geschrieben, dass ihr der Job Spaß macht.

Weil-Sätze beantworten die Frage *Warum?*: Ich arbeite, weil ich Geld brauche.
Wenn-Sätze nennen eine Bedingung ... Ich fahre nach Spanien, wenn ich Geld habe.
... oder eine zeitliche Reihenfolge: Ich mache das Essen, wenn du zu Hause bist.

> **TIPP** Vergleichen Sie mit Ihrer Muttersprache: z.B. Deutsch *wenn* – Englisch *if* oder *when*.

Jeder Satz hat eine Satzmelodie.

Ich muss am Wochenende auch arbeiten. ↘   **Die Satzmelodie fällt am Satzende.(↘)**
Macht dir dein Job Spaß? ↗   **Sie steigt bei Fragen. (↗)**
Nein, → ich arbeite, → weil ich Geld brauche. ↘   **Im Satz bleibt sie gleich.(→)**

Lesen Sie die Sätze in Übung 1 laut.

▶ Sätze und Texte sprechen Seite 29.

Sätze **B**

1 Schreiben Sie die Sätze mit *dass*. Markieren Sie die Verben im *dass*-Satz.

Reisevorbereitungen

1. Bist du sicher, dass ___du den Pass eingesteckt hast?___
   (Du hast den Pass eingesteckt.)

2. Ich glaube, dass _____.
   (Das Licht im Keller ist noch an.)

3. Hast du den Nachbarn gesagt, dass _____
   _____?
   (Wir sind eine Woche weg.)

4. Ich muss ihnen noch sagen, dass _____.
   (Sie sollen am Mittwoch die Mülltonne rausstellen.)

5. Bist du sicher, dass _____?
   (Alle Fenster sind zu.)

6. Ich habe doch gesagt, dass _____.
   (Ich habe alle Fenster zugemacht.)

7. Wissen die Nachbarn, dass _____?
   (Sie sollen die Post aus dem Briefkasten holen.)

8. Ich habe ihnen auch gesagt, dass _____?
   (Sie können die Zeitung lesen.)

2 Verbinden Sie die Sätze.

Zu Hause arbeiten

1. Ich weiß … – Petra sucht eine Wohnung. (dass)
   ___Ich weiß, dass Petra eine Wohnung sucht.___

2. Sie will umziehen. Ihre alte Wohnung ist zu klein. (weil)
   _____
   _____

3. Sie braucht ein Arbeitszimmer. Sie will zu Hause arbeiten. (weil)
   _____

4. (weil) Sie hat ein kleines Kind. Sie muss zu Hause arbeiten.
   Weil sie _____

5. Petra findet … – Sie braucht wieder eine Arbeit. (dass)
   _____

6. Sie kann für eine Versicherung arbeiten. Sie hat einen Arbeitsplatz zu Hause. (wenn)
   _____

11

B Sätze

3 Verbinden Sie die Sätze. Welche Konjunktion passt: *dass*, *weil* oder *wenn*?

1. Georg möchte wieder arbeiten. Er verliert sonst seine Berufserfahrung.
   _____

2. Er hofft, … er findet bald eine gute Stelle.
   _____

3. Zu Hause arbeiten ist nicht einfach. Man hat oft nicht genug Ruhe.
   _____

4. Man muss seinen Alltag sehr gut organisieren. Man will ohne Stress arbeiten.
   _____

5. Viele Menschen arbeiten gern zu Hause. Sie können sich die Arbeitszeit frei einteilen.
   _____

6. Andere finden es nicht gut. Man hat keinen Kontakt mit Kollegen.
   _____

4 Gründe nennen

a Markieren Sie die Verben in den *denn*-Sätzen.

b Schreiben Sie die Sätze neu mit *weil*.

Freizeit

1. Meine Freundin trainiert jeden Tag, denn sie läuft den Berlin-Marathon.
   Meine Freundin trainiert jeden Tag, weil sie den Berlin-Marathon läuft.

2. Ich schwimme nur im Hallenbad, denn das Wasser im Freibad ist mir zu kalt.
   _____

3. Else macht einen Spanischkurs, denn sie reist im Sommer nach Chile.
   _____

4. Du musst mehr Sport machen, denn sonst wirst du krank.
   _____

5. Ich bin Mitglied in der Stadtbücherei, denn ich lese viel.
   _____

6. Mein Bruder geht monatlich einmal ins Theater, denn er hat ein Theaterabo.
   _____

7. Ich bin im Sportverein, denn Sport zusammen mit anderen macht mehr Spaß.
   _____

8. Jana geht immer ins Fitnesscenter, denn sie macht am liebsten allein Sport.
   _____

Sätze B

5 Ergänzen Sie *wenn* oder *weil*.

Gesundheit

1. ___Wenn___ du Grippe hast, musst du zu Hause bleiben.
2. Ich jogge jetzt jeden Tag, _____ ich wieder fit werden will.
3. Ich muss abnehmen, _____ meine Sommerkleider mir nicht mehr passen.
4. Sie brauchen eine Krankmeldung, _____ Sie nicht zur Arbeit gehen können.
5. Du bekommst Probleme mit der Gesundheit, _____ du nicht aufhörst zu rauchen.
6. _____ ich nicht so viel essen will, habe ich fast nichts in meinem Kühlschrank.
7. Man fühlt sich einfach besser, _____ man regelmäßig Sport macht.
8. Manche Leute nehmen Tabletten, _____ sie abnehmen wollen.
9. _____ man zu oft Diät macht, dann ist das nicht gut für die Gesundheit.
10. Wir wandern viel, _____ die frische Luft und die Bewegung uns gut tun.

6 Schreiben Sie die Nebensätze mit *weil*, *wenn*.

Verkehr

1. Ich fahre meistens mit dem Fahrrad, _____
   _____
   (in die Stadt / müssen)
2. Im Winter nehme ich manchmal die Straßenbahn, _____
   _____
   (Fahrradfahren / bei Schnee / gefährlich sein)
3. _____, fahren die Leute mehr mit Bussen und Bahnen.
   (Benzin / teuer sein)
4. Ich finde, die Straßenbahn muss billiger sein, _____
   (dann / die Leute / mehr mit der Straßenbahn / fahren)
5. Mein Sohn macht gleich den Führerschein, _____
   (18 sein)
6. Er braucht ein Auto, _____
   (zur Arbeit / fahren / müssen)
7. _____, fahre ich immer mit der Bahn.
   (meine Eltern / besuchen)
8. Ich habe eine „BahnCard 50", _____
   (ich / damit die Fahrscheine 50% billiger / bekommen)

B Sätze

3 Temporale Nebensätze mit *als, bis, bevor*

▶ Hauptsatz und Nebensatz Seite 10

Temporale Nebensätze verbinden zwei Handlungen.

Hauptsatz		Nebensatz			
	Verb	Konjunktion		Verb	
Lisa	war schon weg,	als (=)	ich nach Hause	kam.	
Ich	bleibe noch,	bis (→)	die letzte Straßenbahn	fährt.	→ Zeitpunkt
Wir	gehen nicht nach Hause,	(←) bevor	wir die Arbeit fertig	haben.	← Zeitpunkt

1   Was passt zusammen? Ordnen Sie zu. Es gibt zum Teil mehrere Möglichkeiten.

Biografie

1. Als ich 16 Jahre alt war,   _____ a) bis ich den Job als Hausmeister bekam.
2. Bevor ich nach Deutschland kam,   _____ b) bis wir endlich heiraten konnten.
3. Ich war arbeitslos,   _____ c) habe ich eine Ausbildung angefangen.
4. Als ich nach Deutschland kam,   _____ d) habe ich in Chile gelebt.
5. Als ich meine Frau kennengelernt habe,   _____ e) konnte ich kein Wort Deutsch.
6. Es hat acht Jahre gedauert,   _____ f) war ich erst 20 Jahre alt.

Haushalt

7. Kannst du bitte noch einkaufen,   _____ a) als ich von der Arbeit nach Hause kam.
8. Als ich gestern nach Hause kam,   _____ b) bereiten wir den Frühstückstisch vor.
9. Ich habe zwei Stunden gebraucht,   _____ c) bevor du zur Arbeit gehst?
10. Bevor wir in Urlaub fahren,   _____ d) bis alles wieder sauber war.
11. Als mein Freund zu mir gezogen ist,   _____ e) bis wir aus dem Bett kommen.
12. Heute war das Essen schon fertig,   _____ f) hatte er vom Kochen keine Ahnung.
13. Bevor wir ins Bett gehen,   _____ g) müssen wir den Kühlschrank leer machen.
14. Wir brauchen morgens immer zu lange,   _____ h) war in der Küche das totale Chaos.

Sätze B

4 Relativsätze im Nominativ und Akkusativ

Mit Relativsätzen kann man eine Person/Sache genauer definieren.

Hauptsatz 1	Hauptsatz 2: neue Information	
Der Job ist interessant.	Der Job steht heute in der Zeitung.	Nominativ
	Den Job hat mir Herr Knill angeboten.	Akkusativ

Hauptsatz 1	Relativsatz: neue Information	Hauptsatz 1
Der Job,	der (der Job) heute in der Zeitung steht,	ist interessant.
Bezugswort	den (den Job) mir Herr Knill angeboten hat,	

Relativsätze stehen immer möglichst nahe bei dem Nomen, das sie genauer definieren.

Herr Knill hat mir einen **Job** angeboten, **den ich zu Hause machen kann**.
Den Job, den mir Herr Knill angeboten hat, kann ich zu Hause machen.

Die Relativpronomen sind im Nominativ und Akkusativ identisch mit den bestimmten Artikeln.

	Singular			Plural
	Maskulinum	Neutrum	Femininum	
Nominativ	der	das	die	die
Akkusativ	den	das	die	die

1 Markieren Sie das Bezugswort und ergänzen Sie die Relativpronomen.

Büro

1. Meine Kollegin Özlan, ___*die*___ (Akk) ich sehr mag, hat eine neue Stelle gefunden.

2. Frau Ruppert, haben Sie den Brief, ___*der*___ (Nom) an Frau Glas geht, schon verschickt?

3. Dr. Rausch, _____ (Nom) heute auf einer Geschäftsreise ist, ruft Sie morgen an.

4. Können Sie mir die E-Mail weiterleiten, _____ (Nom) gerade gekommen ist?

5. Wo ist denn der Computer, _____ (Akk) die Technikabteilung hier installieren wollte?

6. Der Techniker soll sich den Computer ansehen, _____ (Nom) in meinem Büro steht.

7. Die Konferenz, _____ (Nom) am 2. Dezember beginnt, geht von 9 bis 18 Uhr.

8. Drucken Sie mir bitte den Bericht aus, _____ (Akk) ich Ihnen gestern gemailt habe.

Sätze

2 Verbinden Sie die Sätze.

Einkaufen

1. Ich möchte dieses *T-Shirt* umtauschen. Ich habe *es* gestern bei Ihnen gekauft.

   Ich möchte dieses T-Shirt, das ich gestern bei Ihnen gekauft habe, umtauschen.

2. Ich möchte den *MP3-Player* umtauschen. Ich habe *ihn* gestern bei Ihnen gekauft.

3. Haben Sie noch die *Espresso-Maschine*? *Die Espresso-Maschine* war gestern im Angebot.

4. Ich möchte mit *Frau Spiel* sprechen. *Frau Spiel* hat mich gestern angerufen.

5. Das *Fahrrad* ist schon verkauft. *Das Fahrrad* war im Angebot.

6. Die *Sonderangebote* gelten eine Woche. Ich habe *die Sonderangebote* in der Zeitung gelesen.

7. Wo finde ich eine *Verkäuferin*? *Die Verkäuferin* kann mich informieren.

8. Die *Verkäuferin* hat gerade Mittagspause. Sie suchen *die Verkäuferin*.

9. Ich schicke Ihnen *Herrn Rohr*. *Herr Rohr* hat alle Informationen.

10. Haben Sie einen Kassenzettel für die *Jacke*? Sie möchten *die Jacke* zurückgeben.

11. Der *Kollege* hat einen Tag frei. *Der Kollege* hat Sie gestern beraten.

12. Das *Angebot* gibt es erst ab morgen. Sie suchen *das Angebot*.

Sätze **B**

5 Indirekte W-Fragen: *wie, wo, wann ...*

Indirekte W-Fragen funktionieren wie Nebensätze. Das Verb steht am Ende.

W-Frage	indirekte W-Frage (Nebensatz)
Wann (kommt) Peter nach Hause?	Weißt du, **wann** Peter nach Hause (kommt)?
Wo (ist) der Bahnhof?	Können Sie mir sagen, **wo** der Bahnhof (ist)?
Wann (fängt) der Film (an)?	Hast du nachgesehen, **wann** der Film (anfängt)?

1 Ergänzen Sie die Fragen. Markieren Sie die konjugierten Verben im Nebensatz.

In der Firma

wer • wie • um wie viel • ~~wie viel~~ • wie viel • wie oft • wo • wann • warum • woher

1. Können Sie mir sagen, ___wie viel___ Uhr es ist?
2. Erklär mir mal, _____ man bei einer Word-Tabelle eine Spalte hinzufügen kann.
3. Wissen Sie, _____ der Chef ist, in seinem Büro oder bei einem Kunden?
4. Weiß einer von euch, bis _____ die Reparatur fertig sein muss?
5. Kannst du herausfinden, _____ von euch nächste Woche im Betrieb ist?
6. Wer kann mir sagen, _____ ich schon wieder Wochenenddienst habe?
7. Hat Herr Dobrek gesagt, _____ er seine Informationen hat?
8. Können Sie uns sagen, _____ Zeit wir für diese Arbeit noch haben?
9. Weißt du noch, _____ der Bus sonntags in die Stadt fährt, jede Stunde?
10. Hat Georg gesagt, _____ Uhr er in die Firma zurückkommt?

2 Schreiben Sie die indirekten W-Fragen.

1. Woher kommt Frau Schalliol?   Wissen Sie, _____?
2. Wer arbeitet morgen?   Können Sie mir sagen, _____?
3. Wann ist unsere Besprechung?   Weiß jemand, _____?
4. Um wie viel Uhr kommt Tim?   Sagst du mir, _____?
5. Wohin ist Amir gegangen?   Hast du eine Ahnung, _____?
6. Was bedeutet „GAU"?   Kannst du mir sagen, _____?
7. Wie viele Gäste kommen?   Haben Sie Lynda gefragt, _____?
8. Warum ist der Chef nicht da?   Weiß jemand, _____?
9. Wie funktioniert das?   Verstehst du, _____?
10. Wann fährt der Zug nach Trier?   Können Sie herausfinden, _____?

B Sätze

6 Satzverbindungen: *deshalb*

▶ Hauptsatz und Nebensatz Seite 10

Mit *deshalb* verbindet man zwei Hauptsätze. *Deshalb* steht im zweiten Satz auf Position 1.

Position 1	Position 2		Position 1	Verb	
Ich	mache	bald meine Prüfung.	**Ich**	lerne	jeden Tag.
Ich	mache	bald meine Prüfung,	**deshalb**	lerne	**ich** jeden Tag.

Vergleichen Sie mit *denn*:

Ich	mache	bald meine Prüfung, **denn**	ich	will	nach Deutschland.

1 Verbinden Sie die Sätze mit *deshalb* und *denn*. Markieren Sie das Subjekt und die Verben im zweiten Satz.

Beruf und Berufsausbildung

1. Marcello sucht einen neuen Job. Er liest die Stellenanzeigen in der Zeitung.

   a) *Marcello sucht einen neuen Job, deshalb liest er die Stellenanzeigen in der Zeitung.*

   b) *Marcello liest die Stellenanzeigen in der Zeitung, denn er sucht einen neuen Job.*

2. Ich möchte morgen freinehmen. Ich arbeite heute bis 20 Uhr.

   a) *Ich möchte* _____

   b) *Ich arbeite* _____

3. Rafik will Elektriker werden. Er sucht einen Ausbildungsplatz.

   a) _____

   b) _____

4. Siri interessiert sich für Mode. Sie sucht eine Stelle bei einer Schneiderin.

   a) _____

   b) _____

5. Ronja mag Kinder. Sie macht ein Praktikum im Kindergarten.

   a) _____

   b) _____

6. Ich kann nicht lange stehen. Ich suche einen Job im Büro.

   a) _____

   b) _____

Sätze B

7 Zusammenfassung: Haupt- und Nebensätze

1 Was passt zusammen? Ordnen Sie zu.

Lerntipps

1. Sie lernen schneller, _____ a) weil man sich dann an das Schriftbild gewöhnt.
2. Wenn Sie jeden Tag ein wenig üben, _____ b) den man zum Sprachenlernen geben kann.
3. „Viel sprechen" ist der beste Tipp, _____ c) deshalb sollten Sie Ihre Lernzeit planen.
4. Lesen hilft beim Lernen, _____ d) dann ist das besser als einmal pro Woche lange.
5. Sie brauchen Zeit zum Lernen, _____ e) was Sie in der letzten Woche neu gelernt haben.
6. Machen Sie immer eine kurze Pause, _____ f) bevor Sie ein neues Lernthema beginnen.
7. Fragen Sie sich jede Woche, _____ g) wenn Sie oft auf Deutsch fernsehen.

2 Ergänzen Sie die passenden Satzverbindungen oder Relativpronomen.

Dienstleistungen

das • den • den • denn • deshalb • die • weil • wann • wenn • wenn • wie oft • wo

1. Der Mantel, _____ ich Ihnen gestern gezeigt habe, ist leider schon verkauft.
2. Produkte, _____ im Sonderangebot sind, kann man meistens nicht umtauschen.
3. Unser Geschäft ist jetzt bis 20 Uhr offen, _____ machen wir erst um 11 Uhr auf.
4. Ich kann Ihre Wohnung erst in zwei Wochen tapezieren, _____ ich vorher keinen Termin frei habe.
5. Man muss eine Reise lange vorher buchen, _____ man ein günstiges Angebot haben will.
6. Das Wiener Schnitzel, _____ auf der Speisekarte steht, haben wir heute leider nicht mehr.
7. _____ Sie ein teures Produkt kaufen wollen, dann sollten Sie nie sofort entscheiden.
8. Können Sie mir sagen, _____ ich die Tabletten nehmen muss, dreimal täglich?
9. Ich brauche sofort einen Termin bei Dr. Fischer, _____ ich habe furchtbare Zahnschmerzen.
10. Ich muss den Termin am Montag leider absagen, _____ ich gestern ausgemacht habe.
11. Können Sie mir sagen, _____ Frau Jin wieder im Büro ist?
12. Wissen Sie, _____ ich diesen Pullover umtauschen kann?

B Sätze

3 Schreiben Sie die Sätze.

Im Büro

1. morgen / nicht kommen / ich / kann / , / weil / kein Auto / ich / habe / .

   Ich kann morgen nicht kommen, weil

2. ist / nächste Woche / Herr Wolf / nicht im Haus / , / er / macht / denn / eine Fortbildung / .

3. machen möchten / wenn / Sie / Urlaub / , / müssen Sie / das / vorher / sagen / dann / .

4. in die Schule / meine Tochter / kommt / , / möchte / einen Tag frei haben / ich / deshalb / .

5. kommen / Sie bitte / können / heute in mein Büro / , / wenn / Sie / nach Hause / gehen / ?

6. heute arbeiten / wir / müssen / , / noch nicht fertig / weil / der Auftrag / ist / .

7. Sie / wissen /, / Frau Berger / nicht da / warum / ist / ?

8. können / Sie / morgen / länger bleiben / , / weil / müssen / das Projekt / wir / fertigmachen / ?

9. Sie / wissen / , / haben / um wie viel Uhr / wir / unsere Arbeitsbesprechung / ?

10. fragt / der Chef / , / wir / die Lieferung an „MediaSprint" / wann / verschickt / haben / .

11. Ihnen / schon gesagt / habe ich / , / dass / 100 Euro mehr / Sie / ab Januar / verdienen / ?

12. weißt / du / , / geht / wohin / unser Betriebsausflug im Mai / ?

Sätze B

4 Ergänzen Sie die passenden Satzverbindungen und Relativpronomen im Brief.

aber • Deshalb • das • dass • dass • dass • denn • die • ~~und~~ • wann • weil • Wenn • Wenn • wenn

Wolfram Habekost
Soft-Solutions
Hauptstraße 40
74653 Künzelsau

Dr. Schüttler
MediaSprint
Zähringerstraße 8
69190 Walldorf

Künzelsau, den 28.11. 20..

Sehr geehrter Herr Dr. Schüttler,

ich möchte mich noch einmal herzlich für die Einladung zu Ihrem Firmenjubiläum bedanken _und_ Ihnen zugleich ganz herzlich zu 25 Jahren guter Arbeit gratulieren. Leider kann ich zu Ihrem Fest nicht selbst kommen, _____ ich zur gleichen Zeit einen wichtigen Termin in Hamburg habe. _____ kommt Frau Schmal-Bonger allein nach Walldorf.
Sie wissen ja, _____ wir seit einiger Zeit mit der Firma *Prokonzept* zusammenarbeiten, _____ auch „Firmensoftware" produziert. Wir hoffen auf eine positive Entwicklung, _____ wir brauchen für unsere neuen Produkte dringend neue Partner. Da habe ich eine Frage an Sie. Wissen Sie, _____ die Firma InTex ihr neues Computerprogramm SBX 5, _____ SBX 4 ablösen soll, auf den Markt bringen will? Ich habe gehört, _____ das schon im Mai sein soll, _____ das kann ich nicht glauben. _____ wir mit *Prokonzept* Verträge unterschreiben, informiere ich Sie natürlich. Ich denke aber, _____ wir bestimmt noch drei Monate brauchen, bis wir alle Probleme diskutiert haben. _____ ich in drei Wochen in Heidelberg bin, dann komme ich, _____ Sie Zeit haben, gern kurz vorbei und informiere Sie.

Mit besten Wünschen für ein schönes Fest
und für eine weitere gute Zusammenarbeit
Wolfram Habekost

B Sätze

8 Die Satzklammer bei trennbaren Verben, Modalverben und im Perfekt

1 Was passt zusammen?

In der Familie

1. Ich kann heute nicht _____ a) im Büro sein.
2. Kaufst du bitte heute _____ b) für das Abendessen ein?
3. Ich komme heute aber erst _____ c) Hausaufgaben gemacht?
4. Jessica, hast du deine _____ d) heute aufgeräumt?
5. Nein, ich habe sie noch __1__ e) einkaufen gehen.
6. Hat Rudi sein Zimmer _____ f) mich noch um.
7. Rudi ist mit dem Fahrrad _____ g) nicht gemacht, aber ich fange gleich an.
8. Ich stehe morgen schon _____ h) noch umziehen.
9. Ich will früh _____ i) schon eingepackt?
10. Gehst du heute Abend noch mal _____ j) um 6 Uhr auf.
11. Ja, zu Tom, aber ich komme gleich _____ k) um 7 Uhr von der Arbeit zurück.
12. Willst du in diesen Jeans _____ l) wieder zurück.
13. Nein, ich ziehe _____ m) weg?
14. Hast du das Geschenk für Oma _____ n) weggefahren, zum Sportplatz.
15. Nein, aber ich muss mich jetzt _____ o) zu Omas Geburtstag gehen?

2 Schreiben Sie die Sätze ins Heft.

Mobilität

1. fährt … ab / wann / nach Heilbronn / der Bus / ?
2. hast / gekauft / du / ein neues Auto / dir / ?
3. bringen / du / mich / kannst / morgen / zum Bahnhof / ?
4. kommt … an / mein Zug / um 23.23 / in Bautzen / .
5. holt … ab / Rainer / dich / am Flughafen / .
6. parke … ein / ich / nicht gern / .
7. fahren … weg / Sie / bitte / von der Ausfahrt / Ihr Auto / .
8. habe / verpasst / ich / die Straßenbahn / .
9. bieg … ab / da vorne / rechts / .
10. müssen / aussteigen / Sie / an der Haltestelle / .

1. Wann fährt der Bus nach Heilbronn ab?

Sätze B

9 Das Passiv

▶ Satzklammer Seite 22

Beim Passiv geht es um die Handlung: was? Wer etwas tut, ist nicht so wichtig.

Aktiv	Die **Österreicher** (= wer)	sprechen	Deutsch (= was).	
Passiv	In Österreich	wird	**Deutsch**	gesprochen.
	VWs	werden	überall in der Welt	gebaut.
	Weihnachten	wird	bei uns am 24.12.	gefeiert.

| **Das Passiv** | **wird** | **so** | **gebildet:** |
| | werden | + | Verb im Partizip II |

Das Passiv müssen Sie auf dem Niveau A2 noch nicht aktiv können, aber Sie sollten es verstehen.

1 Welche Sätze sind Passiv (P), welche Aktiv (A)? Markieren Sie auch die Verben.

Arbeitswelt

1. __A__ Ich werde Elektriker.
2. _____ In Deutschland werden im Jahr über 5 Millionen Autos gebaut.
3. _____ Deutsche Firmen bauen weltweit fast 10 Millionen Autos im Jahr.
4. _____ Mein Auto wird gerade repariert.
5. _____ Ich will nächsten Monat meine Wohnung reparieren.
6. _____ Meine Wohnung wird im Juni neu tapeziert und gestrichen.
7. _____ Sie will mal Straßenbahn- oder Busfahrerin werden.
8. _____ Heutzutage werden sogar schon unsere Brötchen in China gemacht.

2 Für „aktive" Lerner und Lernerinnen – Schreiben Sie die Passivsätze

Dienstleistungen

1. ● Herr Ober, wo bleibt mein Kaffee?
   ○ er / gerade / werden / gemacht

   __Er wird_____

2. ● Wann kommt unser Essen?
   ○ die Suppe / werden / gebracht / gleich

   _____

3. ● Wo ist dein Fahrrad?
   ○ werden / repariert / es / gerade

   _____

B Sätze

3 Lesen Sie das Rezept und markieren Sie die Passivformen.

Ein Kochrezept

Suppe aus Rinderhackfleisch
Zutaten für vier Personen
500 g Rinderhackfleisch,
400 g Gemüse (Mischgemüse)
1 große Dose geschälte Tomaten in Saft
2 Knoblauchzehen, 1 Zwiebel, 3 Brühwürfel
1/4 TL Pfeffer, 1,5 Liter Wasser
100 g kleine Nudeln

Zubereitung

1. Zuerst wird die Zwiebel geschält und in sehr kleine Würfel geschnitten.
2. Dann werden die Knoblauchzehen klein gehackt.
3. Lassen Sie die Zwiebeln, den Knoblauch und das Rinderhackfleisch unter Rühren braun anbraten.
4. Die Tomaten und der Saft werden in einen Mixer gegeben und gemischt.
5. Geben Sie nun Wasser, Brühwürfel, Tomaten und den Pfeffer zum Rindfleisch und lassen Sie alles kurz aufkochen und dann 20 Minuten leicht kochen.
6. Nun werden die Nudeln und das Gemüse dazugegeben.
7. Lassen Sie das Ganze nun noch 15 Minuten leicht weiterkochen.

4 Was haben Sie gemacht? Erzählen Sie. Benutzen Sie das Perfekt (Aktiv).

1. Zuerst habe ich die Zwiebel geschält und in … 2. Dann habe ich … 3. Dann habe ich … lassen.

5 Familie Leyden hat eine neue Wohnung gemietet. Sie muss renoviert werden. Schreiben Sie im Passiv.

Wohnungsrenovierung

1. alle Zimmer / neu / tapezieren
2. alle Fenster / streichen
3. eine neue Küche / einbauen
4. neue Steckdosen / legen
5. überall / Telefon / installieren
6. im Wohnzimmer / ein neuer Teppichboden / verlegen

Alle Zimmer werden …

Sätze **B**

10 Vergleiche mit *genauso ... wie, nicht so ... wie, ... als*

▶ Adjektive: Komparativ- und Superlativformen Seite 75

So kann man Vergleiche formulieren:

Sabid ist **nicht so** groß **wie** Irina.
Markus ist **genauso** groß **wie** Irina.
Sabid ist **größer als** Ahmed,
aber **kleiner als** Irina und Markus.

1 Vergleiche: *... als* (↑), *genauso ... wie* (=), *nicht so ... wie* (≠)
Schreiben Sie die Sätze wie im Beispiel.

Medien

1. = Radio hören / fernsehen / interessant   Radio hören ist <u>*genauso interessant wie fernsehen.*</u>
2. ≠ Radio hören / fernsehen / beliebt   Radio hören ist <u>*nicht so beliebt ...*</u>
3. ↑ Radio hören / Zeitung lesen / spannend   Radio hören ist <u>*spannender*</u>
4. = Fernsehen / ins Kino gehen / schön   Fernsehen ist _____
5. ≠ Fernsehen / lesen / schön   Fernsehen ist _____
6. ↑ Fernsehen / arbeiten / schön   Fernsehen ist _____
7. = Ein Computer / ein Laptop / viel   Ein Computer kostet _____
8. ≠ Ein Computer / ein Auto / viel   Ein Computer kostet _____
9. ↑ Ein Computer / ein Handy / viel   Ein Computer kostet _____
10. = Ich lese / ich höre Musik / gern   Ich lese <u>*genauso gern, wie ich Musik höre.*</u>

B Sätze

2 Schreiben Sie die Vergleiche wie im Beispiel.

Kleidung

1. Hülya / Hosen ○ / ● Röcke / gern tragen

   Hülya trägt lieber Hosen als Röcke.

2. der Anzug (95 €) / die Hose (95 €) / teuer sein
   _____

3. die Schuhe (80 €) / die Stiefel (140 €) / billig sein
   _____

4. das Hemd ☺ / das T-Shirt ☹ / schön sein
   _____

5. das T-Shirt / die Bluse = weit sein
   _____

6. die Jacke (90 €) / der Mantel (80 €) / viel kosten
   _____

7. der Bikini (40 €) / der Badeanzug (40 €) / viel kosten
   _____

8. Tom / Hemden / T-Shirts / = gern tragen
   _____

9. Pullover + / Hemden – / warm sein
   _____

10. Frau Beime / Kleider ☺ / ☹ Hosen / gern tragen
    _____

11. die Schuhe ☺ / ☹ die Stiefel / gut / gefallen / mir
    _____

12. der Rock + / die Hose – / modisch sein
    _____

11 Satzbaupläne

So baut man Sätze. Jeder Satz braucht ein Verb und ein Subjekt.

Paul arbeitet.

Viele Verben brauchen eine Ergänzung.

Frau Temme	ist	**Lehrerin.**	Nominativergänzung
Klaus	hat	**Halsschmerzen.**	Akkusativergänzung
Ich	helfe	**dir.**	Dativergänzung
Erhan	fährt	**nach Berlin.**	Lokalergänzung
Der Test	dauert	**drei Stunden.**	Temporalergänzung

Viele Sätze haben zusätzlich zu den Ergänzungen noch Angaben, die nicht vom Verb abhängig sind. Sie stehen meistens nach dem konjugierten Verb oder am Satzanfang.

Herr Schmidt trinkt **morgens** Kaffee.	Zeitangabe (temporal)
Morgens trinkt Herr Schmidt Kaffee.	
Herr Schmidt trinkt **im Bett** Kaffee.	Ortsangabe (lokal)
Im Bett trinkt Herr Schmidt Kaffee.	
Herr Schmidt trinkt **gern** Kaffee.	andere Angabe
Gern trinkt Herr Schmidt Kaffee.	

Oft gibt es im Satz mehrere Angaben.

		Angaben				
Subjekt	Verb(teil)	temporal	andere	lokal	Ergänzung	Verb(teil)
Herr Schmidt	trinkt	**morgens**	**gern**	**im Bett**	Kaffee.	
Irene	hat	**heute**			keinen Hunger.	
Ahmet	kann		**sehr gut**			kochen.

Die Zeitangabe (temporal) steht vor der Ortsangabe (lokal).

Eine Angabe – häufig die Temporalangabe – kann auch am Satzanfang stehen.

Angabe	Verb	Subjekt	Angaben	Ergänzung(en)	Verb(teil)
Am Mittwoch	besuchen	wir	**immer gern**	unsere Tante.	
Meistens	bringen	wir		ihr Blumen	mit.

Sätze

1 Angaben

a Ergänzen Sie die Angabe/n an der richtigen Stelle.

1. Ich schreibe einen Brief nach Hause.   morgen
   Ich schreibe morgen einen Brief nach Hause.

2. Unsere neue Wohnung hat keinen Balkon.   leider

3. Mittags kann man nicht sitzen.   draußen

4. Vielleicht können wir den Garten benutzen.   im Sommer

5. In unserer Freizeit gehen wir mit dem Hund spazieren.   gern

6. Frau Weber war 30 Jahre Verkäuferin.   in einem Kaufhaus

7. Sie geht noch dort einkaufen.   heute – oft

8. Dann trifft sie ihre alten Kolleginnen.   manchmal

9. Sie geht in der Pause dorthin.   meistens

10. Sabine war mit ihrer Freundin in der Stadt.   gestern

11. Sie sind zu „Schuh-Kraus" gegangen.   zuerst

12. Sie haben mindestens 20 Paar Schuhe anprobiert.   dort

13. Die Schuhe waren viel zu teuer für Sabine.   leider

14. Stefan bekommt einen Studienplatz.   im Herbst

15. Er muss ein Zimmer im Studentenwohnheim beantragen.   sofort

b Schreiben Sie die Sätze 10–15 mit der Angabe am Satzanfang.

Gestern war Sabine mit ...

Sätze B

12 Sätze und Texte sprechen

▶ Satzmelodie Seite 10

Guten Morgen, Herr Henkel.
Hier spricht Frau Wiesmann. Ich möchte meinen Sohn
entschuldigen, er ist krank und kann heute nicht zur Schule
kommen. Könnten Sie Sven bitte die Hausaufgaben mitgeben?
Nikolas kann sie am Wochenende machen. Ich denke, dass er
am Montag wieder gesund ist und zum Unterricht kommen kann.
Vielen Dank. Auf Wiederhören.

Sprechpausen sind wichtig für die Verständlichkeit.
- Lange Pausen (//) macht man meistens nach Satzzeichen: ? ! ; . ,
- Kurze Pausen (/) macht man nach Wortgruppen in längeren Sätzen.
- Wortgruppen und kurze Sätze spricht man ohne Pausen.

Guten Morgen, / Herr Henkel. // Hier spricht Frau Wiesmann. //
Ich möchte meinen Sohn entschuldigen, // er ist krank / und kann …

Die Betonung liegt auf dem Wort mit der neuen oder wichtigsten Information.
Guten Morgen, / Herr Henkel. // Hier spricht Frau Wiesmann. //
Ich möchte meinen Sohn entschuldigen, // er ist krank / und kann …

Sprechen Sie den Text laut. Achten Sie auf Pausen und Betonung.

Guten Morgen, / Herr Henkel. //Hier spricht Frau Wiesmann. //
Ich möchte meinen Sohn entschuldigen, // er ist krank / und kann heute nicht /
zur Schule kommen. // Könnten Sie Sven / bitte die Hausaufgaben mitgeben? //
Nikolas kann sie am Wochenende machen. // Ich denke, / dass er am Montag / wieder gesund ist //
und zum Unterricht kommen kann. //
Vielen Dank. // Auf Wiederhören.

TIPP Sprechen üben: Lesen Sie möglichst oft einzelne Sätze oder kurze Texte laut,
z. B. Zeitungsnotizen. Achten Sie auf die richtige Betonung.

WÖRTER

13 Verben: Präsens, Partizip II, Perfekt, Präteritum von *sein* und *haben*

1 Hier sind Verben aus der Wörterliste für A1.

a Überlegen Sie: Wie heißt die 3. Person Singular? Kennen Sie die Partizip-II-Form und die Perfekt-bildung mit *haben* oder *sein*?

anfangen – sie fängt an – sie hat angefangen

Einladung	bringen • einladen • trinken • abgeben • lachen • (sich) vorstellen
Küche	schneiden • waschen • essen • beginnen • kochen • schmecken
Kurs/Lernen	helfen • wissen • bestehen • studieren • erklären • ausfüllen • antworten • sprechen • singen • denken • schreiben • verstehen • mitmachen
Freizeit	treffen • anfangen • gewinnen • spazieren gehen • fernsehen • spielen
Bewegung	umsteigen • einsteigen • nehmen • gehen • laufen • ankommen • fahren

b Perfekt mit *haben* oder *sein*? Notieren Sie.

haben/sein + Partizip II   *haben/sein* + Partizip II

bleiben	Er _ist geblieben_.	lernen	Sie _hat gelernt_.
essen	Er _____.	machen	Sie _____.
fahren	Er _____.	schlafen	Sie _____.
fragen	Er _____.	sehen	Sie _____.
glauben	Er _____.	gehen	Sie _____.
haben	Er _____.	verstehen	Sie _____.
schwimmen	Er _____.	passieren	Es _____.

2 Präteritum von *sein* und *haben*. Ergänzen Sie.

Krankheit

● Warum _____ du letzte Woche nicht im Fitnessstudio?

○ Ich _____ keine Zeit. Meine Tochter _____ krank.

● Oh, _____ es schlimm? Was _____ sie denn?

○ Am Mittwoch _____ sie hohes Fieber und Husten. Aber am Freitag _____ schon wieder alles normal. Jetzt hustet sie nur noch etwas.

14 Vergangenheit: Perfekt

↻ **Das Perfekt bildet man so:** *haben* oder *sein* + Verb im Partizip II

	haben/sein	Satzklammer	Partizip II
Erhan	hat	gestern Fußball	gespielt.
Jonas	ist	gestern zu Hause	geblieben.

Perfekt mit *haben* oder *sein*? Die meisten Verben bilden das Perfekt mit *haben*.

**Folgende Verben auf dem Niveau A1 und A2 bilden das Perfekt mit *sein*.
Das sind Verben mit der Bedeutung „Bewegung" oder „Veränderung".**

Bewegung

abfahren	ist abgefahren	fliegen	ist geflogen
abfliegen	ist abgeflogen	kommen	ist gekommen
ankommen	ist angekommen	laufen	ist gelaufen
aufstehen	ist aufgestanden	mitkommen	ist mitgekommen
aussteigen	ist ausgestiegen	reisen	ist gereist
einfallen	ist eingefallen	umsteigen	ist umgestiegen
einsteigen	ist eingestiegen	wandern	ist gewandert
einziehen	ist eingezogen	weggehen	ist weggegangen
fallen	ist gefallen		

Veränderung		Ausnahmen	
aufwachen	ist aufgewacht	bleiben	ist geblieben
einschlafen	ist eingeschlafen	passieren	ist passiert
sterben	ist gestorben		

↻ **Verb und Partizip II**

	regelmäßige Verben		unregelmäßige Verben	
	Infinitiv	Partizip II	Infinitiv	Partizip II
einfache Verben	spielen	gespielt	gehen	**ge**ang**en**
	lernen	gelernt	sprechen	**ge**spr**o**ch**en**
	arbeiten	gearbeitet	helfen	**ge**h**o**lf**en**
trennbare Verben	einkaufen	eingekauft	umsteigen	um**ge**st**ie**g**en**
	abholen	abgeholt	abgeben	ab**ge**g**e**b**en**
nicht trennbare Verben	verkaufen	verkauft	verlieren	verl**o**r**en**
	bezahlen	bezahlt	beginnen	beg**o**nn**en**
	entschuldigen	entschuldigt	unterschreiben	unterschr**ie**b**en**
Verben auf *-ieren*	passieren	passiert		
	telefonieren	telefoniert		

C WÖRTER

TIPP Lernen Sie die Verben immer mit den zwei Formen:

spielen – hat gespielt *helfen – hat geholfen* *bleiben – ist geblieben*

Üben Sie mit Lernkarten:

lernen
hat gelernt
Sie hat gelernt.
Sie hat für den Test gelernt.

telefonieren
hat telefoniert
Er hat telefoniert.
Er hat mit Erhan telefoniert.

umsteigen
ist umgestiegen
Sie ist umgestiegen.
Sie ist am Bahnhof umgestiegen.

beginnen
hat begonnen
Der Kurs hat begonnen.
Der Kurs hat heute begonnen.

Akzente

Wort	Wortgruppe	Wortgruppe	Satz
gelernt	hat gelernt	für die Prüfung	Sie hat für die Prüfung gelernt.
telefoniert	hat telefoniert	mit Tom	Er hat mit Tom telefoniert.

Jedes Wort hat einen **Wortakzent**.
Wortgruppen (syntaktische Einheiten) haben einen **Wortgruppenakzent**.
Man spricht die Wörter einer Wortgruppe ohne Pause.

Kurze Sätze haben nur *einen* **Satzakzent**. Der Satzakzent liegt auf dem Wort mit der wichtigsten Information.

Sprechen Sie die Wortgruppen in Übung 1 auf Seite 33 laut.

WÖRTER C

1 Schreiben Sie Fragen im Perfekt.

Im Büro

1. die E-Mails beantworten — _Haben Sie die E-Mails beantwortet?_
2. die Rechnung ausdrucken
3. den Computer ausschalten
4. den Brief an die Firma Seibert schreiben
5. die Briefe zur Post bringen
6. einen Termin mit Herrn Klausing machen
7. mit dem Chef die Termine besprechen
8. um 10 Uhr zu der Besprechung gehen
9. heute in der Kantine essen
10. gestern um 16 Uhr 30 Feierabend machen

2 Schreiben Sie den Dialog im Perfekt.

Verabredung

1. ● Es ist schon 8 Uhr. Wir / aber / um 7 / verabredet sein.
2. ○ Tut mir leid. / Ich / dich / anrufen, / aber / nicht erreichen.
3. ● Du / mich / auf dem Handy / anrufen?
4. ○ Ja, das / ich / versuchen. Es / nicht funktionieren.
5. ● Wie blöd, ich / meinen Akku / nicht aufladen!
6. ○ Also, Mona heute Nachmittag / anrufen. Sie / die Einladung / auf 8 Uhr / verschieben.

> ● _Es ist schon 8 Uhr. Wir sind aber um 7 verabredet gewesen._
> ○ _Tut mir leid. Ich habe ..._

3 Schreiben Sie wie im Beispiel.

Semesterbeginn

1. ● Wann beginnt das Semester? ○ _Das Semester hat schon begonnen._
2. ● Wann gehst du zu Dr. Rot in die Sprechstunde? ○
3. ● Wann immatrikulierst du dich? ○
4. ● Wann ziehst du ins Studentenwohnheim? ○
5. ● Wann kaufst du das Semesterticket? ○
6. ● Wann fängt das Seminar an? ○
7. ● Wann triffst du deine Arbeitsgruppe? ○
8. ● Wann besorgst du dir die Unterlagen? ○

C WÖRTER

4 Welche Verben bilden das Perfekt mit sein? Markieren Sie.

abfahren • arbeiten • bekommen • bleiben • denken •
gehen • aufstehen • weggehen • kommen • holen •
leihen • lesen • laufen • fahren • schreiben • tun •
einziehen • korrigieren • machen • fallen • bringen •
vergessen • aussteigen • spielen • leben • wandern •
treffen • tippen • reparieren • reisen • trinken •
lernen • verstehen • verkaufen • mitkommen •
kennen • anrufen • telefonieren • sterben • kochen •
ansehen • renovieren • beginnen • bestellen • empfehlen •
gewinnen • kennen lernen • kosten • passieren

5 Perfekt mit *sein* und *haben*. Ergänzen Sie.

Am Morgen

● Heute morgen war der Fernseher an. ___Bist___
 du vor dem Fernseher eingeschlafen?

○ Ja, irgendwann _____ ich dann ins Bett gegangen. _____ der Wecker denn schon geklingelt?

● Den _____ ich gerade ausgemacht. Du _____ einfach weitergeschlafen. Komm zum Frühstück. Ich _____ schon Kaffee gemacht und Frank _____ Brötchen geholt.

○ Ich dusche erst. Ich glaube, ich _____ gestern etwas zu viel getrunken. Vielleicht _____ ich auch zu viel getanzt. Mir tut alles weh.

● _____ du mit der Straßenbahn gekommen? Oder _____ du ein Taxi genommen?

○ Ich _____ das Fahrrad von Gina ausgeliehen. Ich _____ es in die Garage gestellt.

● Und wo _____ du mein Auto abgestellt? Ich _____ dir doch gesagt, dass ich mich heute mit Lisa treffen will!

○ Oh, das _____ ich ganz vergessen. Für wann _____ ihr euch verabredet?

● Für 10 Uhr.

○ Ich beeile mich. Dein Auto steht um 9 Uhr 30 vor der Haustür!

● Das _____ du das letzte Mal auch gesagt und dann _____ ich ein Taxi genommen.

○ Und wer _____ das Taxi bezahlt?

● Du selbstverständlich! Und wer _____ das Auto dann bei der Polizei abgeholt?

○ Wir beide, ich weiß. Deshalb hole ich das Auto auch gleich nach dem Frühstück.

● Na gut, dann _____ du auch das Geld für das Taxi gespart.

6 Unregelmäßige Verben: Präsens und Perfekt – Ergänzen Sie die Verbformen.

Einladung

1. ● Kannst du bitte die Tomaten __waschen__ (waschen)?
   ○ Nein, ich __habe__ mich gestern in den Finger _____ (schneiden).

2. ● _____ du mir bitte das Olivenöl (geben).
   ○ Ich _____ (finden) es nicht. Ich glaube, Luisa _____ es _____ (mitnehmen).

3. ● _____ ihr Max und Lisa auch _____ (einladen)?
   ○ Ja, aber Max kommt nicht, er _____ seine Prüfung nicht _____ (bestehen) und muss heute lernen.

4. ● Wer _____ die Blumen _____ (mitbringen)?
   ○ Ich weiß nicht. Jemand _____ sie an der Tür _____ (abgeben).

5. ● Willst du noch ein frisches Hemd anziehen?
   ○ Nein, ich _____ mich nach der Arbeit _____ (umziehen). Das reicht.

6. ● Warum _____ der CD-Player nicht (laufen)? Ist er kaputt?
   ○ Nein, aber wir wollen gleich noch ein Geburtstagslied _____ (singen).
   ● Schon wieder? Du _____ doch heute Morgen schon eins _____ (singen).

7. ● Wie oft _____ du eigentlich meinen Geburtstag _____ (vergessen)?
   ○ Ich denke, 22 Mal. Du warst 22, als wir uns _____ _____ (kennenlernen).

C WÖRTER

15 Vergangenheit: Präteritum

Das Präteritum der regelmäßigen Verben und Modalverben bildet man so:
Verbstamm + t + Personalendung (Endung wie bei *haben*).

Infinitiv	haben	sagen	können	Ebenso die Modalverben:		
ich	hatte	sagte	konnte	müssen	→	musste
du	hattest	sagtest	konntest	wollen	→	wollte*
er/es/sie	hatte	sagte	konnte	dürfen	→	durfte
wir	hatten	sagten	konnten	sollen	→	sollte
ihr	hattet	sagtet	konntet			
sie/Sie	hatten	sagten	konnten			

*Die Vergangenheit von *möchten* drückt man mit *wollte* aus:
Präsens: Ich möchte nach Hamburg fahren. Präteritum: Ich **wollte** nach Hamburg fahren.

Unregelmäßige Verben haben einen Vokalwechsel und die Endungen wie *sein*.

Infinitiv	sein	k**o**mmen	g**e**ben
ich	war	k**a**m	g**a**b
du	warst	k**a**mst	g**a**bst
er/es/sie	war	k**a**m	g**a**b
wir	waren	k**a**men	g**a**ben
ihr	wart	k**a**mt	g**a**bt
sie/Sie	waren	k**a**men	g**a**ben

Über die Vergangenheit sprechen und schreiben:

Beim Sprechen benutzt man
– die meisten Verben in der Perfektform,
– *haben*, *sein* und die Modalverben fast immer im Präteritum.
In schriftlichen Texten (Zeitungsartikel, Literatur …) findet man häufig das Präteritum.

1 Ergänzen Sie *haben* oder *sein* im Präteritum.

1. ● Wie _____ eure Ferien? _____ ihr gutes Wetter?
   ○ Wir _____ am Meer und _____ nur Sonne!

2. ● Wo _____ du gestern? Wir haben auf dich gewartet.
   ○ Ich _____ zu Hause.

3. ● Du _____ doch Geburtstag. Wann _____ denn das?
   ○ Gestern! Du _____ auch eine Einladung zu meinem Fest!

4. ● Warum _____ du nicht auf dem Sommerfest?
   ○ Ich _____ am Wochenende krank. Ich _____ Fieber und Halsschmerzen.

WÖRTER C

2 Ergänzen Sie die passenden Präteritumformen.

Urlaubserinnerungen

1. Im letzten Sommer _____ (sein) wir in Wien.

2. Luisa _____ (haben) Geburtstag und sie _____ (wollen) nach Wien.

3. Sie _____ (sein) noch nie in Wien und sie _____ (wollen) alles sehen.

4. Peter hat zwei Jahre in Wien gelebt und er _____ (können) ihr viel zeigen.

5. Abends _____ (wollen) sie ins Theater, aber es _____ (geben) keine Karten mehr.

6. An der Kasse _____ (sprechen) sie mit einem Mann. Er _____ (sagen):

   „Es gibt schon seit Wochen keine Karten mehr."

7. An dem Abend _____ (kommen) noch viele Leute, die auch keine Karten

   _____ (haben).

8. Peter _____ (wollen) mit Luisa unbedingt in den Stephansdom, aber sie _____

   (dürfen) nicht, weil gerade eine Messe im Dom _____ (sein).

9. Peter _____ (sagen) auch, dass er nur im Stephansdom heiraten will!

3 Präteritum rezeptiv – Markieren Sie die Verben im Präteritum. Notieren Sie die Infinitive.

Ein Toter und drei Verletzte nach Unfall auf Luisenring

Kurz nach 23 Uhr fuhr gestern ein Pkw mit hoher Geschwindigkeit gegen eine Ampel. Für den jugendlichen Fahrer (19 Jahre) kam jede Hilfe zu spät, er starb noch am Unfallort. Der Rettungswagen brachte die drei Mitfahrer ins Krankenhaus. Sie hatten nur leichte Verletzungen und einen Schock. Die Polizei gab als Unfallursache Alkohol an. Es entstand ein Sachschaden von 40 000 Euro.

Sportfest für einen guten Zweck

Unter dem Motto „Wir sind am Ball" veranstaltete der Sportclub „Sieker Mitte" am vergangenen Samstag wieder sein traditionelles Sportfest – nicht nur für Vereinsmitglieder. Bei schönstem Sommerwetter nahmen ca. 400 junge und alte Sportler und Sportlerinnen an den Turnieren teil. Es gab Einführungskurse in verschiedene Sportarten und auch die Kleinsten konnten sportlich aktiv sein. Für das leibliche Wohl der Besucher sorgte das fleißige Bewirtungsteam. Vereinsmitglieder spendeten wieder über 60 Kuchen und Torten! Am Bratwurststand brieten Mitglieder der Turngruppe über 1000 Würste und Kaffee, Bier und Mineralwasser flossen reichlich. So wurde das Fest wieder einmal zu einem kleinen Stadtteilfest. Die Veranstalter zählten über 1500 Besucher. Mit den Einnahmen unterstützt der Verein seine Jugendarbeit.

fahren

C WÖRTER

16 Modalverben: Bedeutung

Das Wetter ist gut. Wir **können** draußen essen.	Möglichkeit
Kannst du bitte den Tisch decken?	höfliche Aufforderung
Es regnet. Wir **können nicht** draußen essen.	Es ist nicht möglich.
Sie **kann** gut Deutsch (sprechen).	Fähigkeit
Sie **kann nicht** so gut Deutsch (sprechen).	Sie hat nicht die Fähigkeit.
Du **musst** einen Pullover anziehen.	Notwendigkeit
Du **musst keinen** Pullover anziehen.	Es ist nicht notwendig.
Hier **darf** man parken.	Erlaubnis
Hier **darf** man **nicht** parken.	Es ist nicht erlaubt. / Es ist verboten.
Ich **möchte** zehn Brötchen.	Wunsch
Sie **möchte** heute **nicht** ins Kino gehen.	
Ab morgen **will** Lisa Sport machen.	Wille / Planung / starker Wunsch
Morgen **will** sie **keine** Schokolade essen.	Wille / Planung
Ich **soll** dich von Lukas grüßen.	Aufforderung / Ratschlag / Tipp /
Meine Frau sagt, ich **soll nicht** so viel essen.	Hinweis durch eine andere Person
Maria, **soll** ich die Getränke holen?	Nachfrage / Hilfsangebot

1 Was passt zusammen? Ordnen Sie zu. Es gibt mehrere Möglichkeiten.

Kleider

1. Den Rock habe ich neu. Max muss mich sehen. ____ a) Ich darf keinen Rock anziehen.
2. Wir heiraten. Ich muss ein Kleid anziehen. ____ b) Ich kann den Rock anziehen.
3. Meike ist erst zwei Jahre alt. Sie sagt: ____ c) Ich kann schon meinen Rock anziehen.
4. Mein Vater sagt: „Alle ziehen einen Rock an!" ____ d) Ich darf den Rock anziehen.
5. Ich muss heute kein Kleid tragen. _1_ e) Ich soll auch einen Rock anziehen.
6. Ich hasse lange Kleider! ____ f) Ich will den Rock anziehen.
7. Jeder kann kommen, wie er will. ____ g) Ich muss den Rock anziehen.

WÖRTER C

2 Ergänzen Sie die Modalverben im Dialog.

Ein neuer Arbeitsplatz

~~darf~~ • können • können • kann • müssen • müssen • muss

● ___Darf___ ich vorstellen? Das ist Frau Wiete. Sie arbeitet mit Ihnen zusammen. Frau Wiete, _____ Sie bitte Herrn Berger die Abteilung zeigen?

○ Der Fahrstuhl ist defekt. Wir _____ die Treppe nehmen. Zum Rauchen _____ Sie nach draußen gehen. Im Gebäude ist Rauchen verboten.

■ Von wann bis wann _____ man in der Kantine essen?

○ Sie _____ zwischen 12 und 13 Uhr 30 essen gehen.

■ _____ man sich zum Essen anmelden?

3 Welches Modalverb passt? Markieren Sie.

Einladung

1. ● *Sollen/Wollen* wir die Schuhe ausziehen?
   ○ Ja, bitte. Sie *können/wollen* Ihre Schuhe hier ins Regal stellen.

2. ○ Danke für die schönen Blumen. Selda, *musst/kannst* du die Blumen in die Vase stellen?

3. ○ *Müssen/Möchten* Sie ein Glas Tee trinken?
   ● Nein, danke, es ist zu spät, dann *darf/kann* ich nicht schlafen.

4. ○ Was *muss/darf* ich Ihnen anbieten? *Sollen/Möchten* Sie ein Glas Wein?
   ■ Nein danke, ich *darf/muss* Auto fahren. Lieber einen Saft, bitte.

5. ● Die Suppe schmeckt sehr gut. *Sollen/Können* Sie mir das Rezept geben?

6. ○ Ahmed, Frau Schneider *muss/möchte* noch etwas Wein. *Kannst/Darfst* du bitte noch eine Flasche aufmachen?

7. ● Wenn mein Mann raucht, *will/muss* er zu Hause immer auf den Balkon.
   ○ Herr Illig, hier *dürfen/müssen* Sie ruhig rauchen. Ahmed raucht auch ab und zu ganz gern.

C WÖRTER

17 Konjunktiv II: *haben*, *können* und *würde*-Form

Mit dem Konjunktiv II kann man …

… Fragen, Bitten höflicher ausdrücken (oft auch mit „bitte").

Herr Beer ist nicht da.	Können Sie morgen noch einmal anrufen?
	Könnten Sie bitte morgen noch einmal **anrufen**?
Guten Morgen,	haben Sie noch eine Zeitung?
	hätten Sie noch eine Zeitung?
Das Fahrrad ist kaputt.	Reparierst du es bitte?
	Würdest du es **reparieren**?

… Vorschläge machen

Wir **könnten** ins Kino **gehen**.
Du **könntest** dich mit Freunden **treffen**.

… Wünsche äußern

Ich **hätte** jetzt gern Urlaub.
Wir **hätten** gern mehr Zeit für unsere Hobbys.

> Den Konjunktiv II bildet man meistens mit der *würde*-Form: *würde* + Infinitiv

ich	würde	**Ich würde**	gern in der Stadt	**wohnen**.
du	würdest	**Würdest du**	gern öfter ins Kino	**gehen**?
er/es/sie	würde	**Sie würde**	jetzt am liebsten Schokolade	**essen**.
wir	würden	**Wir würden**	gern in die Schweiz	**fahren**.
ihr	würdet	**Würdet ihr**	unsere Blumen	**gießen**?
sie/Sie	würden	**Würden Sie**	bitte das Fenster	**schließen**?

sein, *haben* und die Modalverben bilden den Konjunktiv II mit eigenen Formen.

▶ Präteritum Seite 36

	haben	sein	können	müssen	dürfen	wollen	sollen
ich	hätte	wäre	könnte	müsste	dürfte	wollte	sollte
du	hättest	wärst	könntest	müsstest	dürftest	wolltest	solltest
er/es/sie	hätte	wäre	könnte	müsste	dürfte	wollte	sollte
wir	hätten	wären	könnten	müssten	dürften	wollten	sollten
ihr	hättet	wärt	könntet	müsstet	dürftet	wolltet	solltet
sie/Sie	hätten	wären	könnten	müssten	dürften	wollten	sollten

🔴 **Einige häufige Verben bilden den Konjunktiv II mit eigenen Formen.**

kommen	ich käme	lassen	ich ließe	gehen	ich ginge	brauchen	ich bräuchte
wissen	ich wüsste	bleiben	ich bliebe	geben	ich gäbe		

WÖRTER C

Satzmelodie
Der Ton macht die Musik!

Würdest du bitte dein Zimmer aufräumen?   Würdest du **bitte** dein **Zimmer aufräumen**?

Sie sprechen freundlich: **Sie sprechen ärgerlich/unfreundlich:**
wenig Akzente, die Satzmelodie steigt.   **mehrere Akzente, die Satzmelodie fällt.**

Würdest du bitte dein Zimmer   Würdest du bitte dein Zimmer

aufräumen? ↗   aufräumen? ↘

Was macht Äußerungen freundlich? Z. B.:
- Satzmelodie
- Wörter
- Konjunktiv II + Frage   **Bitte**, räum heute dein Zimmer auf.
- Konjunktiv II + Frage + Modalverb   **Würdest** du heute dein Zimmer aufräumen?
    Könntest du heute dein Zimmer aufräumen?

1 Bitten oder fragen Sie höflich. Schreiben Sie.

Urlaubsvorbereitungen

1. Blumen gießen   *Könnten / Würden Sie bitte die Blumen gießen?*
2. die Zeitungen sammeln   _____
3. die Post aus dem Briefkasten nehmen   _____
4. die Pakete von der Post abholen   _____
5. die Mülltonne an die Straße stellen   _____
6. die Katzen füttern   _____

Gast/Gastgeberin

7. ein Glas Wasser haben / ich   *Könnte / Dürfte ich bitte ein Glas Wasser haben?*
8. sagen, wie spät es ist / du / mir/uns   _____
9. das Telefon benutzen / Ihr / ich   _____
10. das Rezept geben / du / mir/uns   _____
11. das Gemüse schneiden / du   _____

C WÖRTER

2 Vorschläge machen – Schreiben Sie. Es gibt verschiedene Möglichkeiten.

Jobsuche

1. eine Anzeige aufgeben   _Du könntest/solltest eine Anzeige aufgeben._
   Warum gibst du keine Anzeige auf? Hast du schon mal eine Anzeige aufgegeben?

2. die Stellenangebote studieren _____

3. einen Termin beim Arbeitsamt machen _____

4. eine Bewerbungsmappe zusammenstellen _____

5. eine Weiterbildung machen _____

6. interessante Firmen anschreiben _____

7. im Internet recherchieren _____

8. soziale Netzwerke aktivieren _____

3 Wünsche – Schreiben Sie die Sätze zu Ende.

1. gern gut Deutsch sprechen – vielleicht einen Job bekommen
   Ich würde gern gut Deutsch sprechen, dann würde ich vielleicht einen Job bekommen.

2. gern mehr Zeit haben – öfter ins Kino gehen
   Ich hätte _____

3. gern viel Geld haben – dreimal im Jahr Urlaub machen

4. gern den Beruf wechseln – mehr Geld verdienen

5. gern ein Studium machen – einen besseren Job bekommen

6. gern Talent haben – Schauspieler werden

7. gern Chinesisch können – in China arbeiten

WÖRTER C

18 Imperativ

So bilden Sie die Imperativformen:

Infinitiv	Präsens	Imperativform	
machen	Sie machen	*Sie*-Form:	Machen Sie
sprechen	du sprichst	*du*-Form:	~~du~~ Sprich~~st~~ …
üben	ihr übt	*ihr*-Form:	~~ihr~~ Übt …

Trennbare Verben:

zumachen	Sie machen … zu.	*Sie*-Form	Machen Sie … zu.
einsteigen	du steigst … ein.	*du*-Form:	~~du~~ Steig~~st~~ … ein.
aufräumen	ihr räumt … auf.	*ihr*-Form:	~~ihr~~ Räumt … auf.

Imperativsatz mit trennbaren Verben:

	Position 1	Position 2	Satzende
Sie-Form:	Machen Sie	das Fenster	zu .
du-Form	Steig	am Bahnhof	ein .
ihr-Form	Räumt	bitte die Küche	auf .

1 Schreiben Sie Imperativsätze.

Ratschläge geben: Eltern an Kinder

1. sich warm anziehen — *Zieh dich warm an. / Zieht euch warm an.*
2. eine Mütze aufsetzen _____
3. die Hausaufgaben gleich machen _____
4. nach dem Frühstück die Zähne putzen _____
5. viel Gemüse essen _____
6. nicht so viel fernsehen _____
7. vor dem Essen die Hände waschen _____

Ratschläge geben: Eltern an Jugendliche

8. nachts nicht alleine mit dem Bus fahren _____
9. nicht den letzten Bus nehmen _____
10. anrufen, wenn es spät wird _____
11. nicht zu spät nach Hause kommen _____
12. morgens nicht zu spät aufstehen _____
13. Musik nicht so laut hören _____
14. regelmäßig Sport machen _____

C WÖRTER

2 Ihre Ratschläge – Notieren Sie drei Ratschläge, die …

a … Sie von Ihren Eltern gehört haben.

1. _____
2. _____
3. _____

b … Sie Ihrer 16-jährigen Tochter geben würden.

1. _____
2. _____
3. _____

3 Bitten Sie Ihren Lehrer / Ihre Lehrerin.

Im Sprachkurs

1. langsamer / sprechen — *Sprechen Sie bitte langsamer.*
2. den Satz / an die Tafel / schreiben _____
3. die Regel / noch einmal / erklären _____
4. das Fenster aufmachen _____
5. heute keine Hausaufgaben / aufgeben _____
6. zur Kursparty / mitkommen _____

4 Ergänzen Sie die passende Verbform.

vorbereiten • einkaufen • anrufen • anstellen • denken • aufräumen • machen

> Lieber Klaus, liebe Merle,
>
> ich habe heute Spätdienst und bin erst um 2 Uhr zu Hause. Bitte _____ noch ein paar Sachen _____, wir brauchen noch Milch, Brot und Joghurt. Klaus, _____ bitte an die Telefonrechnung! Bitte _____ das Wohnzimmer etwas _____, vielleicht kommt Maria zu Besuch. Und _____ die Waschmaschine _____, die Wäsche ist schon drin. Merle, bitte _____ das Abendessen _____ und _____ auch etwas Salat. Die Salatsoße ist im Kühlschrank.
>
> Liebe Grüße – bis heute Abend!
> Elke
>
> PS: Bitte _____ Oma noch mal _____, am besten um 19 Uhr 30. Nicht vergessen!!

19 Zusammenfassung: Verbformen

1 [P] Wählen Sie unten für jede Lücke die passende Verbform.

Hallo, Rinaldo,

wir sind gestern um 10.30 Uhr in Klagenfurt __1__. Die Fahrt __2__ gut, nicht viel Verkehr und keine Staus! Es war richtig, dass wir nachts __3__ sind. Den Campingplatz haben wir zuerst nicht __4__, die Adresse war falsch, aber die Telefonnummer __5__. Das hat uns __6__. Jetzt __7__ ich im Internetcafe und hoffe, dass du meine Mail heute noch aufmachst, denn ich habe zwei Sachen __8__. Bitte __9__ den Katzen von Frau Schmidt kein Fleisch, sondern nur das Katzenfutter aus der Dose. Das hat sie mir extra __10__. Und __11__ ihre Blumen zweimal in der Woche. Am Mittwoch __12__ du die Mülltonne an die Straße stellen und __13__ bitte auch nicht die Post von Frau Schmidt!

Ich __14__ noch etwas vergessen: __15__ du mir bitte mein Ladegerät schicken? Mein Akku ist leer (!!) und alle meine Adressen sind nur im Handy. Es __16__ gleich neben dem Telefon. Ich __17__ auf jeden Fall viele Postkarten schreiben und __18__ vor allem die Geburtstagspost an meine Mutter nicht vergessen! Meine Eltern __19__ gerade __20__, deshalb __21__ ich die neue Aderesse noch nicht auswendig.

So, jetzt __22__ ich erst mal einen Stadtbummel machen und mir Klagenfurt __23__ und heute Abend __24__ ich Rita und Susanne! Ich __25__ dich schön von ihnen grüßen.

Mach's gut, __26__ nicht zu viel und __27__ nicht zu viel Schokolade!

Liebe Grüße und vielen Dank!
Deine Heike

---

1. [a] angekommen [b] ankommen
2. [a] ist [b] war
3. [a] gefahren [b] fahren
4. [a] finden [b] gefunden
5. [a] stimmte [b] stimmt
6. [a] retten [b] gerettet
7. [a] saß [b] sitze
8. [a] vergessen [b] vergesse
9. [a] geb [b] gib
10. [a] gesagt [b] sagt
11. [a] gießt [b] gieß
12. [a] musst [b] dürft
13. [a] vergesst [b] vergiss
14. [a] bin [b] habe
15. [a] Könntest [b] Hättet
16. [a] legt [b] liegt
17. [a] möchte [b] kann
18. [a] kann [b] darf
19. [a] haben [b] sind
20. [a] umgezogen [b] umziehen
21. [a] wisse [b] weiß
22. [a] darf [b] will
23. [a] angesehen [b] ansehen
24. [a] trefft [b] treffe
25. [a] kann [b] soll
26. [a] arbeite [b] arbeitete
27. [a] esse [b] iss

C WÖRTER

2 Welches Verb passt wohin? Schreiben Sie die Wörter in den Text.

Einladung

freue • Könntet • will • hatte • möchte • habe • habe • muss • bringt

Liebe Lisa, lieber Jan,
ich (1) _____ euch ganz herzlich zu meiner Abschlussfeier einladen. Leider (2) _____ ich es nicht geschafft, richtig schöne Einladungskarten zu schreiben. Ich (3) _____ überhaupt keine Zeit, weil ich nicht nur die Prüfungen gemacht (4) _____, sondern auch umziehen (5) _____. Seit Tagen packe ich nur noch Kisten! Aber eine Party (6) _____ ich trotzdem machen. Wir treffen uns am Samstag ab acht Uhr bei Karin. Bitte (7) _____ etwas zu trinken mit. (8) _____ ihr auch noch einen Salat machen? Ich (9) _____ mich auf euch.
Anna

Antwort auf die Einladung

Hast • haben • gehört • willst • Sollen • willst • Würdest • kannst • können

Liebe Anna,
wir (10) _____ schon von Matthias (11) _____, dass du eine Party machen (12) _____. Natürlich kommen wir! (13) _____ du deine Wohnung schon ausgeräumt? Wo bringst du deine Sachen hin? (14) _____ wir dir noch helfen? Jan sagt, dass du erst mal für ein halbes Jahr nach Thailand (15) _____ und dort bei einem Projekt mitarbeitest. Toll! Aber das (16) _____ du ja alles am Samstag erzählen. Auf jeden Fall (17) _____ wir einen Salat mitbringen.
Lisa
PS: Hast du deine Espressomaschine schon eingepackt? (18) _____ du sie uns ausleihen?

Antwort

wollte • kann • brauchen • Könntet • Kommt • hatten • konnte • musste • könnt • habe • ausgepackt

Liebe Lisa,
danke für deine schnelle Antwort! Ja, ich (19) _____ noch Hilfe (20) _____. (21) _____ ihr mir euer Auto morgen gegen 12 für zwei Stunden leihen? Eigentlich (22) _____ ich gestern schon mit allem fertig sein, aber wir (23) _____ eine Panne und Klaus (24) _____ das Auto nicht so schnell reparieren. Er (25) _____ es in die Werkstatt bringen. Die Espressomaschine (26) _____ ihr gern haben, ich (27) _____ sie noch mal (28) _____. (29) _____ ihr morgen Mittag vorbei?
Vielen Dank und liebe Grüße!
A.

20 Nomen und Artikel: Nominativ, Akkusativ und Dativ

▶ Präpositionen Seite 79 f.

🔁 Verben und ihre Ergänzungen

Verben aus A2 mit Akkusativ:

ändern	den Text ändern	lösen	die Aufgabe lösen
ausziehen	meinen Mantel ausziehen	schicken	einen Brief schicken
behalten	das Buch behalten	tragen	die Tasche tragen
bestehen	eine Prüfung bestehen	vereinbaren	einen Termin vereinbaren
kennen lernen	eine Kollegin kennen lernen	vergessen	den Termin vergessen

Verben aus A1 und A2 mit Dativ:

gehören	Das Buch gehört mein**em** Sohn.
helfen	Paul hilft de**r** Nachbarin.
gratulieren	Wir haben unser**em** Chef zum Geburtstag gratuliert.
gefallen	Das Foto gefällt mein**er** Mutter.
einfallen	Ist dein**em** Freund seine Handynummer wieder eingefallen?
zuhören	Sie sollten Ihr**er** Lehrerin genau zuhören, wenn Sie die Prüfung erklärt!
antworten	Ich habe mein**em** Bruder noch nicht geantwortet. Ich schreibe ihm morgen.
danken	Ich danke mein**er** Mutter und mein**em** Vater, dass sie mir immer geholfen haben.

Einige Verben aus A1 und A2, die häufig mit Dativ und Akkusativ vorkommen:

empfehlen (**D**+A)	Ich könnte **Ihnen** heute die Tagessuppe empfehlen.
leihen (**D**+A)	Jonas hat **seinem Freund** das Fahrrad geliehen.
erklären (**D**+A)	Ich erkläre **meiner Lernpartnerin** die Grammatik morgen noch einmal.
merken (**D**+A)	Wie merkst du **dir** die Wörter am besten?
geben (**D**+A)	Frau Templer gibt **den Teilnehmern** morgen die Bücher.
schenken (**D**+A)	Tom schenkt **seiner Schwester** ein Buch.
wünschen (**D**+A)	Ich wünsche **mir** mehr Ferien.
zeigen (**D**+A)	Bitte zeigen Sie **mir** Ihren Ausweis.

Der Dativ steht immer nach diesen Präpositionen:

von	von ihr**er** Nachbarin	aus	aus de**r** Schule
nach	nach d**em** Frühstück	bei	bei mein**em** Freund
seit	seit einer Woche	mit	mit d**em** Bus
zu	z**um** (zu dem) Bahnhof		

Formen

	Maskulinum	Neutrum	Femininum	Plural
Nominativ	der/ein Kursraum	das/ein Heft	die/eine Tafel	die/– Bücher
Akkusativ	den/einen Schuh	das/ein Kleid	die/eine Bluse	die/– Hosen
Dativ	d**em**/ein**em** Bus	d**em**/ein**em** Auto	d**er**/ein**er** Bahn	d**en**/– Züge**n**

Die Dativendungen sind bei allen Artikelwörtern gleich.

C WÖRTER

TIPP Nomen immer mit Artikel und Plural lernen.

der Mann, ¨-er   die Frau, -en   das Kind, -er

Verben immer mit Kasus und Beispiel lernen.   tragen (Akk.)
Er trägt einen grauen Pullover.

Rhythmus

Pronomen, Artikel, Präpositionen, *haben* und *sein* sind meist unbetont. Sie verbinden sich mit dem betonten Nomen, Adjektiv oder Verb.

Kurze Sätze und Wortgruppen haben nur **einen** Akzent.

den Text ändern   meinen Mantel ausziehen   Sie behält das Buch.

In Wortgruppen und Sätzen wird das wichtigste Wort betont.

den Text ändern   Sie ändert den Text.   (Sie ändert nicht die Adresse.)

den Text ändern   Sie ändert den Text.   (Der Text ist nicht gut, sie ändert ihn.)

Sprechen Sie die Wortgruppen aus der Liste. Verändern Sie die Betonung.

1 Schreiben Sie die Artikel zu den Nomen im Akkusativ.

1. _das_ / _ein_ Haus, _____ / _____ Tür, _____ / _____ Keller   abschließen
2. _____ / _____ Wohnung, _____ / _____ Zimmer, _____ / _____ Küche   einrichten
3. _____ / _____ Schreibtisch, _____ / _____ Büro, _____ / _____ Tasche   aufräumen
4. _____ / _____ Adresse, _____ / _____ Telefongespräch, _____ / _____ Termin   notieren
5. _____ / _____ Bad, _____ / _____ Flur, _____ / _____ Fenster (Pl.)   renovieren
6. _____ / _____ Fenster, _____ / _____ Flasche, _____ / _____ Kühlschrank   aufmachen

2. Ergänzen Sie die Artikel.

Vor einer Prüfung

1. Ich muss d_____ Text korrigieren und d_____ neuen Wörter aufschreiben.
2. Vor einer Woche habe ich d_____ Prüfung nicht bestanden.
3. Ich möchte d_____ Kurs endlich abschließen und e_____ Zertifikat bekommen.
4. Hoffentlich kann ich d_____ Aufgaben lösen.
5. Im Kursraum ist es immer heiß und wir können d_____ Fenster nicht aufmachen.
6. Vielleicht kann ich d_____ Notizen in die Prüfung mitnehmen.

WÖRTER C

3 Ergänzen Sie die Artikel und schreiben Sie die Sätze ins Heft.

Reisevorbereitungen

1. Im März / e**ine**_____ Reise / wir / nach Thailand / machen
2. In Moskau / d_____ Flugzeug / wir / verlassen / müssen
3. Wir / d_____ Plätze / morgen / reservieren
4. Wir / d_____ wichtigen Telefonnummern / für unsere Eltern / aufschreiben
5. Unsere Nachbarin / d_____ Blumen / gießen
6. Sie / d_____ Briefkasten / kontrollieren
7. Vielleicht / d_____ Urlaub / wir / verlängern

Im März machen wir …

4 Dativ – Ergänzen Sie die Artikel.

1. Frau Schulze will d**er** Nachbarin helfen.
2. M_____ Freund fällt seine Telefonnummer nicht ein.
3. Das Auto gehört d_____ Firma.
4. Frau Seidel zeigt d_____ Besuchern die Cafeteria.
5. Jonas leiht s_____ Freund sein Auto.
6. Die Verkäuferin darf d_____ Jugendlichen keinen Alkohol verkaufen.
7. Die Ärztin hört d_____ Patienten zu und berät ihn.
8. Die Taxifahrerin erklärt d_____ Kundin den Weg.

5 Ergänzen Sie die Artikel im Dativ.

Gespräche im Restaurant

● Was können Sie (1) __meinem__ (mein) Sohn empfehlen? Er isst kein Gemüse und kein Fleisch. Und Reis schmeckt (2) _____ (der) Jungen auch nicht.

○ Er könnte Spaghetti mit (3) _____ (eine) Sahnesauce essen.

● Könnten Sie bitte (4) _____ (der) Kollegen helfen? An (5) _____ (sein) Tisch sitzen zwölf Personen.

○ Ja, gern. Was soll ich tun?

● Bitte geben Sie (6) _____ (der) Herrn an Tisch Nr. 3 eine Speisekarte und zeigen Sie (7) _____ (die) Dame die Garderobe.

C WÖRTER

Geburtagsparty

- Ich möchte (8) _____ (deine) Frau gratulieren! Wo ist sie?
- Ich glaube, sie ist draußen vor (9) _____ (die) Tür und hilft (10) _____ (ihre) Freundin. Sie holen die Musikinstrumente aus (11) _____ (das) Auto.
- Bitte, gib (12) _____ (die) Musikern diese Noten. Das war früher das Lieblingslied von (13) _____ (meine) Tochter.

Gespräche zu Hause

- Warst du gestern bei (14) _____ (deine) Großeltern?
- Ja, natürlich! Ich habe geputzt und mich mit (15) _____ (mein) Großvater unterhalten.

- Hast du heute lange an (16) _____ (der) Computer gearbeitet? Du siehst müde aus.
- Ja, ich habe (17) _____ (mein) Freund bei (18) _____ (die) Hausaufgaben geholfen.

- In (19) _____ (das) Buch gefällt mir die Liebesgeschichte am besten.
- Das Buch gehört (20) _____ (die) Stadtbücherei. Wir müssen es morgen zurückbringen.

- Bitte zeig (21) _____ (dein) Bruder, wie die Kaffeemaschine funktioniert.
- Die Kaffeemaschine gehört (22) _____ (die) Schwester von (23) _____ (mein) Freund. Die sollen wir nicht benutzen.
- Dann erklär (24) _____ (dein) Bruder bitte, wie man Kaffee ohne Maschine macht.

- Wann musst du (25) _____ (deine) Lehrerin die Entschuldigung geben?
- Auf jeden Fall vor (26) _____ (die) Prüfung, am besten morgen.

- Wem gehört eigentlich die Katze? (27) _____ (die) Familie von gegenüber?
- Nein, sie gehört (28) _____ (das) Ehepaar vom 3. Stock. Sie sitzt oft auf (29) _____ (das) Dach.

WÖRTER C

21 Nomen und Artikelwörter: *der, dies…, (was für) ein, kein, mein, welch…, alle*

Artikelwörter stehen meistens in diesen Kombinationen:

Artikelwort + Nomen: **das** Haus, **eine** Tür, **dieser** Bus, **meine** Tasche, **alle** Kinder, **keine** Pause, **welches** Heft?

Artikelwort + Adjektiv(e) + Nomen: **das neue** Kleid, **eine blaue** Bluse **seine schönste** Krawatte, **dieser lange** Rock

- Peter und Lisa haben **eine** neue Wohnung. — unbestimmter Artikel
- Super, wann ziehen sie ein?
- Das dauert noch ein paar Wochen.
  Sie müssen **die** Wohnung erst renovieren — bestimmter Artikel
  und sie haben auch noch **keinen** Mietvertrag. — unbestimmter Artikel (negativ)
- Hast du **diesen** Text schon gelesen? — Demonstrativartikel
- Natürlich! Der ist super!
- Wo ist **dein** Schlüssel? — Possessivartikel
- Den hat Sabine. Er ist in **ihrer** Tasche.
- An **welchem** Tisch möchten Sie sitzen? — Frageartikel
- Dort drüben, am Fenster, bitte.

Was für ein Auto!! Super!

Tja, ein Fiat, den Porsche wollten wir nicht.

In einigen Verbindungen steht vor dem Nomen kein Artikel.

Name	Sie heißt Julia Topp.		
Beruf	Sie ist Informatikerin.	aber:	Sie ist <u>eine erfolgreiche</u> Informatikerin.
Nationalität	Sie ist Amerikanerin.	aber:	Sie ist <u>eine typische</u> Amerikanerin.
Sprache	Sie spricht Deutsch.		
Hobby	Sie spielt Tennis/Klavier.		
unbestimmte Menge	Sie isst gern Fleisch.		
Materialangabe	Sie hat eine Tasche aus Leder.		
haben + Nomen	Sie hat Hunger. Sie hat Fieber.		

C WÖRTER

Artikelwörter: Formen

	Maskulinum	Neutrum	Femininum	Plural
Nominativ	der Mann	das Kind	die Frau	die Eltern
	dieser Mann	dieses Kind	diese Frau	diese Eltern
	welcher Mann	welches Kind	welche Frau	welche Eltern
	ein Mann	ein Kind	eine Frau	– Eltern
	kein Mann	kein Kind	keine Frau	keine Eltern
	mein* Mann	mein* Kind	meine* Frau	meine* Eltern
Akkusativ	den Mann	das Kind	die Frau	die Eltern
	diesen Mann	dieses Kind	diese Frau	diese Eltern
	welchen Mann	welches Kind	welche Frau	welche Eltern
	einen Mann	ein Kind	eine Frau	– Eltern
	keinen Mann	kein Kind	keine Frau	keine Eltern
	meinen* Mann	mein* Kind	meine* Frau	meine* Eltern
Dativ	dem Mann	dem Kind	der Frau	den Eltern
	diesem Mann	diesem Kind	dieser Frau	diesen Eltern
	welchem Mann	welchem Kind	welcher Frau	welchen Eltern
	einem Mann	einem Kind	einer Frau	– Eltern
	keinem Mann	keinem Kind	keiner Frau	keinen Eltern
	meinem* Mann	meinem* Kind	meiner* Frau	meinen* Eltern

*Ebenso: *dein, sein, ihr/Ihr, unser, euer (Fem.Pl.: eure, ihre/Ihr)*

---

1   Ergänzen Sie die Endungen der Artikelwörter.

Reklamation

● Guten Morgen, ich möchte dies_____ Kaffeemaschine zurückgeben. Ich habe sie in d_____ letzten Woche gekauft, aber sie funktioniert nicht.

○ Haben Sie d_____ Kassenzettel noch?

● Ich habe nie ein_____ Kassenzettel bekommen.

○ Doch, Sie bekommen immer ein_____ Beleg. Manchmal ist er auch in d_____ Tüte oder wir kleben ihn an d_____ Karton. Ohne d_____ Beleg kann ich d_____ Kaffeemaschine nicht zurücknehmen. Vielleicht haben Sie d_____ Gerät gar nicht hier gekauft.

● Ja, das ist ja eine … – Moment mal, ich glaube, hier hab ich e_____ Zettel.

○ Ja, das ist d_____ Kassenzettel von ein_____ Kaffeemaschine, aber dies_____ Kassenzettel ist nicht von uns und er ist auch schon ein_____ halbes Jahr alt …

WÖRTER C

2 Schreiben Sie die Sätze im Singular wie im Beispiel.

1. Kaufen Sie Bücher! Ich verkaufe Ihnen die Bücher ganz billig!

   Kaufen Sie ein Buch! Ich verkaufe Ihnen das Buch ganz billig!

2. Ich brauche für mein Büro Schreibtische. Haben Sie die Schreibtische im Angebot?
   ___

3. Ich suche Teppiche. Könnten Sie mir die Teppiche nach Hause bringen?
   ___

4. Die Zeitungen lese ich immer am Wochenende. Gibt es interessante Wohnungsanzeigen?
   ___

5. Gute Fernsehprogramme sind selten. Welche Fernsehprogramme sehen Sie am liebsten?
   ___

6. Habt ihr schon Fahrkarten gekauft? Wenn Sie die Fahrkarten früh kaufen, sind sie billiger.
   ___

7. Hast du auch Einladungen verschickt oder gibt es in diesem Jahr keine Einladungen?
   ___

8. Nachts fahren auch Busse. Ich fahre am Wochenende immer mit den Nachtbussen.
   ___

3 welch… – Ergänzen Sie die Endungen.

Faschingsparty

1. Welch_____ CDs hast du gestern mit auf das Fest genommen?
2. Welch_____ Musik hat dir am besten gefallen?
3. Welch_____ Kleid hast du angezogen?
4. Mit welch_____ Mann hast du getanzt?
5. Welch_____ Typ hat dir am besten gefallen?
6. Welch_____ Lied habt ihr gesungen?
7. Welch_____ Krapfen hat dir am besten geschmeckt?
8. Mit welch_____ Bus seid ihr nach Hause gefahren?
9. Welch_____ Telefonnummer hast du Carlos gegeben?
10. Aus welch_____ Grund hast du ihm die falsche Telefonnummer gegeben?

C WÖRTER

4 dies... – Ergänzen Sie die Endungen.

Krankheit – Gesundheit

1. Wie oft muss ich dies_____ Tee trinken?
2. Ich kann dies_____ Tabletten nicht nehmen. Gibt es dies_____ Medikament auch als Tropfen?
3. Warum muss ich zu dies_____ Arzt im Krankenhaus? Ich habe doch meinen Hausarzt.
4. Kannst du mir dies_____ Rezept aus der Apotheke holen?
5. Der Arzt hat gesagt, dass ich dies_____ Gymnastikübungen jeden Tag machen soll.
6. Könnt ihr bitte die_____ Musik leiser machen? Ich habe Kopfweh!

5 Ergänzen Sie die Artikel.

Nach dem Urlaub

den • der • Das • ~~dein~~ • einer • einer • einem • kein • kein • keine • keinen • kein

● Na, Paul? Wie war ____dein____ Urlaub?

○ Super. Wir waren ja in _____ kleinen Hütte in _____ Bergen. Es gab _____ elektrisches Licht und _____ warmes Wasser.

● Und das war super?

○ Du kennst mich doch. Ich mag das: _____ Autos, _____ Verkehr, viel Natur. _____ Wasser zum Kochen haben wir aus _____ Quelle geholt. Was meinst du, wie gut _____ Tee geschmeckt hat! Marianne hat auch nur Tee getrunken.

● Was? Marianne hat _____ Kaffee getrunken?

○ Nein, und es geht ihr richtig gut. Seit _____ Monat trinkt sie nur noch Tee.

6 welch... oder Was für ein... ? – Ergänzen Sie.

Anprobe im Kaufhaus

● w__elchen___ Mantel möchten Sie? Einen Ledermantel oder einen Stoffmantel?

○ Ich weiß nicht genau.

● W_____ Größe haben Sie?

○ Normalerweise Größe M.

● W_____ Farbe möchten Sie? Rot, schwarz, braun …

○ Rot ist gut. W_____ Schal könnte dazu passen?

● W_____ Schal möchten Sie denn? Einen einfarbigen oder einen bunten?

WÖRTER C

7 Ergänzen Sie die Endungen.

Klatsch und Tratsch – Dialog 1

● Sieh mal, da kommt Frau Schlüter.

○ Wer ist Frau Schlüter? Welch_____ Frau meinst du? Die mit dem langen Rock?

● Ja, genau. Glaubst du, dass dies_____ Frau schon 60 ist?

○ Niemals! Dies_____ Haut und dies_____ Figur, die ist höchstens 45.

● Schau mal, da kommt Luise. Wie findest du denn ihre neue Frisur?

○ Steht ihr gut. Dies_____ Haarfarbe macht sie jünger.

● Aber ihre Schuhe, schau mal! Dies_____ Schuhe tragen doch nur junge Mädchen.

Klatsch und Tratsch – Dialog 2

● Wie findest du das Fest?

○ Es geht. Ich mag dies_____ Musik nicht. Aber sonst ist es ganz nett. Und du?

● Ich finde es super. Ich hoffe, dass ich mit dies_____ Mann heute noch viel tanzen kann.

○ Wie bitte? Mit welch_____?

● Mit dem Mann, der dies_____ wunderbare Lächeln …

○ … in den Augen hat? Ja, den kenne ich. Und mit dies_____ Mann gehe ich jetzt nach Hause! Denn dies_____ Mann ist mein neuer Freund.

8 Ergänzen Sie die Endungen.

Wünsche / Glückwünsche

Herzlichen Glückwunsch … zu_____ Geburtstag.

… zu_____ Einzug in die neue Wohnung.

… zu eure_____ Hochzeit.

… zu eure_____ zehnten Hochzeitstag.

… zu_____ Geburt eurer Tochter.

… zu_____ 10-jährigen Firmenjubiläum.

… zu dein_____ Prüfung.

… zu dein_____ Führerschein.

Alles Gute!

*Ich wünsche Ihnen ein_____ guten Start in die Woche, ein_____ angenehmen Arbeitstag, dann ein_____ angenehme Mittagspause und heute Abend ein_____ tolle Party. Für morgen wünsche
ich ein_____ gute Reise mit ein_____ ruhigen Flug und ein_____ gesunde Heimkehr.*

55

C WÖRTER

9 Possessivartikel: *mein…, dein…, sein…* Ergänzen Sie wie im Beispiel.

Wo ist …? – Dialog 1

● Hast du meine Brille gesehen? Ich habe sie doch in m_____ Tasche gesteckt.

○ Hast du schon in d_____ Zimmer gesucht?

● Natürlich. Gestern habe ich auch m_____ Schreibtisch aufgeräumt.

○ Vielleicht liegt sie noch neben d_____ Bett?

● Stimmt, gestern habe ich noch u_____ Urlaubsfotos angeschaut.

Wo ist …? – Dialog 2

● Wo ist u_____ Tageszeitung?

○ Ist sie in d_____ Zimmer, Jonas?

● Nein, sie ist auf d_____ Schreibtisch.

Wo ist …? – Dialog 3

● Johannes sucht s_____ Kugelschreiber. Ist er noch in d_____ Tasche?

○ Nein, natürlich nicht. Er soll auf s_____ Sachen besser aufpassen.

Wo ist …? – Dialog 4

● Entschuldigung, sind das Ihr_____ Autoschlüssel

und Ihr_____ Handy?

○ Ja, vielen Dank. Die hätte ich fast vergessen.

● Könnte ich einmal kurz mit Ihr_____ Handy telefonieren?

○ Na klar. Ich muss mein_____ PIN-Nummer erst eingeben.

10 Mit bestimmtem oder unbestimmtem Artikel oder ohne Artikel? Markieren Sie.

1. Paula hat *den/einen/–* Hunger. Sie macht sich *das/ein/–* Brötchen.

2. Monica ist *die/eine/–* Spanierin. Sie kommt aus *dem/einem/–* Süden von Spanien.

3. *Die/Eine/–* Flasche ist aus *dem/einem/–* Plastik.

4. Michael möchte *der/ein/–* Lehrer werden. Er wird bestimmt *der/ein/–* guter Lehrer.

5. Maria hat *das/ein/–* Fieber. Wir müssen *den/einen/–* Hausarzt anrufen.

6. Luise ist *die/eine/–* Musikerin. Sie ist sogar *die/eine/–* sehr gute Musikerin.

7. Mein Mann ist *der/ein/–* Reiseleiter. Er fährt oft nach *dem/einem/–* Zürich, in *der/einer/–* Schweiz.

8. Sie hat *die/eine/–* sensible Haut und darf nur *die/eine/–* Blusen aus *der/einer/–* Baumwolle anziehen.

WÖRTER C

22 Pronomen: *der/das/die, dies…, ein…, kein…, mein…, welch…*

der, dies…, welch…

Artikel + Nomen
- Hier ist **die/deine Brille**!
- Du kannst dir **ein Foto** aussuchen.

Pronomen
- Danke, **die** suche ich seit einer Stunde.
- **Welches** findest du am schönsten?

	Maskulinum	Neutrum	Femininum	Plural
Nominativ	der	das	die	die
Akkusativ	de**n**	das	die	die
Dativ	de**m**	de**m**	der	**denen**

Ebenso: *dieser, dieses, diese / welcher, welches, welche*

ein…, kein…, mein…

Möchtest du noch **ein Brötchen**?
Holst du Brötchen?
Wem gehört **das Buch**?

Ja, ich nehme gern noch **eins**.
Nein, wir haben noch **welche**.
Das ist **meins**.

	Maskulinum	Neutrum	Femininum	Plural
Nominativ	ein**er**/kein**er**	ein**s**/kein**s**	ein**e**/kein**e**	welch**e**/kein**e**
Akkusativ	ein**en**/kein**en**	ein**s**/kein**s**	ein**e**/kein**e**	welch**e**/kein**e**
Dativ	ein**em**/kein**em**	ein**em**/kein**em**	ein**er**/kein**er**	welch**en**/kein**en**

Die Possessivpronomen haben die gleichen Endungen wie *kein*.
meiner, meins, meine …, dein, sein, ihr/Ihr, unser, euer, ihr/Ihr

---

1 Ergänzen Sie *der*, *das*, *die*. Achten Sie auf die richtige Endung.

1. ● Kennst du Dr. Eisenmann?

   ○ Nein, ___*den*___ kenne ich nicht, ich gehe immer zu Frau Dr. Stumpf.

   ● _____ ist aber gut. Mit _____ kann man auch mal in Ruhe sprechen.

   ○ Ich bin mit meiner Ärztin eigentlich zufrieden, aber bei _____ muss man immer lange warten. _____ hat die Praxis immer voll. Ich finde, die meisten Ärzte haben zu wenig Zeit. Man kann mit _____ nicht genug reden.

2. ● Ich habe eine Praktikantin in meinem Büro. _____ würde dir gut gefallen.

   ○ Warum? Mit meinem letzten Praktikanten hatte ich nur Ärger. _____ kam jeden Morgen zu spät und _____ musste ich alles zweimal erklären. _____ war richtig anstrengend.

   ● Ja, ich weiß. Aber Anna ist pünktlich und arbeitet schnell. _____ weiß auch genau, was sie will. ____ zeige ich die Aufgabe und dann macht _____ das.

57

C WÖRTER

2 Ergänzen Sie die Pronomen.

Beim Kochen

eins • keins • keine • keine • keine • keine • ~~welche~~ • welche • welche • welche

1. ● Ich brauche sechs Eier für den Kuchen. Weißt du, ob wir noch __welche__ haben?
   ○ Nein wir haben _____ mehr. Kannst du bitte _____ mitbringen?

2. ● Ich brauche ein scharfes Messer und ich finde _____.
   ○ Da liegt doch _____, genau vor deiner Nase.

3. ● Wo sind denn die Tomaten?
   ○ Ich habe _____ gekauft, es gab _____ mehr.
   ● Dann nehmen wir _____ aus der Dose.

4. ● Tust du auch Oliven in die Suppe?
   ○ Nein, Sabine mag _____. Man kann vielleicht _____ auf den Tisch stellen.

3 Ergänzen Sie die Endungen.

1. ● Hier sind die Computerspiele. Welch__es__ möchtest du?
   ○ Hast du welch_____ ausprobiert?

2. ● Nimmst du eine Tasche mit?
   ○ Ja, dies_____ hier.

3. ● Wie findest du die T-Shirts?
   ○ Dies_____ gefällt mir gut. Das andere aber auch.
   ● Und welch_____ würdest du zur Party anziehen?

4. ● Ich hab hier zwei Krawatten für dich. Welch_____ möchtest du anziehen?
   ○ _____, bitte. Die gefällt mir besser als die blaue.

4 Ergänzen Sie die Possessivpronomen *mein..., dein... ...*

1. ● Ist das Ihr Handy? – ○ Ja, das ist m__eins__.
2. Klaus hat seine Schlüssel verloren. Sind das hier s_____?
3. Das sind nicht unsere CDs. Sind das e_____?
4. ● Unser Bohrer ist kaputt. – ○ Soll ich euch u_____ ausleihen?
5. Mein Handy funktioniert nicht. Darf ich mal mit I_____ telefonieren?
6. ● Das Auto sieht toll aus. Ist das d_____? – ○ Nein, das ist leider nicht m_____.
7. Mein Fahrrad hat einen Platten. Darf ich mal schnell I_____ benutzen?
8. Mir gefällt meine Wohnung überhaupt nicht mehr, seit ich I_____ gesehen habe.

WÖRTER C

23 Indefinita

man (nur Singular)

Man darf hier nicht parken.
Man soll jeden Tag zwei Liter Wasser trinken.

jemand/niemand (nur Singular)

Nominativ	● Geh mal zur Tür. Da hat **jemand** geklopft. – ○ Nein, da ist *niemand*.
Akkusativ	● Wir brauchen **jemand(en)**, der unsere Blumen gießt.
Dativ	○ Unsere Blumen kannst du auch **jemand(em)** schenken.

> Die Endungen im Akkusativ *(-en)* und Dativ *(-em)* lässt man beim Sprechen oft weg.

jeder, jede, jedes (nur Singular) – *alle* (nur Plural)

als Artikel	**Jeder Teilnehmer** bekommt eine Aufgabe.
	Alle Teilnehmer gehen in den großen Kursraum.
als Pronomen	● Wer muss den Test machen?
	○ **Jeder**. Den Test müssen heute **alle** mitschreiben.

	Singular			Plural
	Maskulinum	Neutrum	Femininum	
Nominativ	jed**er** Mann	jed**es** Kind	jed**e** Frau	all**e** Menschen
Akkusativ	jed**en** Mann	jed**es** Kind	jed**e** Frau	all**e** Menschen
Dativ	jed**em** Mann	jed**em** Kind	jed**er** Frau	all**en** Menschen

alles, etwas, nichts – Pronomen

● Kannst du bitte **etwas** einkaufen?

○ **Etwas?** Ich glaube, es fehlt **alles**.

● Schreib bitte einen Zettel, damit du **nichts** vergisst.

Die Endung verändert sich nicht.

> Im mündlichen Sprachgebrauch sagt man häufig nur *was* (statt *etwas*).
> *Hast du was (etwas) gesagt? Darf ich dich was (etwas) fragen?*

viel, wenig, mehr – Artikel

● Möchtest du Zucker in den Tee?

○ Gern, ich trinke den Tee immer mit **viel** Zucker.

■ Für mich bitte nur **wenig** (Zucker), aber ich nehme noch **mehr** Milch.

C WÖRTER

1 Alltag und Haushalt – Ergänzen Sie die Indefinita.

man • man • man • jemand • jemand • jemand • jemand • ~~niemand~~ • niemand • niemand

1. Ich habe gestern wieder drei Stunden geputzt und __niemand__ hat mir geholfen.
2. _____ muss auch nicht jeden Tag putzen.
3. Der Kaffee ist aus. Morgen muss _____ neuen Kaffee mitbringen.
4. _____ wäscht hier ab. Ich will eine Spülmaschine haben!
5. Weiß _____, wann der Müll das nächste Mal geleert wird?
6. Keiner räumt hier auf! Könnte _____ das nicht mal besser organisieren?
7. Wenn _____ nicht alles alleine macht, passiert nichts.
8. Gestern hat _____ für dich angerufen. Ich habe den Namen leider nicht verstanden.
9. Kann mir _____ von euch helfen?
10. Am Sonntag ist bei uns _____ zu Hause. Da sind alle im Schwimmbad.

2 *jeder* oder *alle* – Ergänzen Sie die Indefinita mit der richtigen Endung.

Kartenspiel

1. __Jeder__ Spieler und _____ Spielerin bekommt zehn Karten.
2. _____ Karten liegen auf dem Tisch. _____ muss eine Karte ziehen.
3. Wer anfängt, muss _____ anderen eine Karte geben.
4. Dann nimmt _____ Spieler und _____ Spielerin eine neue Karte.
5. In diesem Spiel spielt _____ gegen _____.
6 Das Spiel ist aus, wenn _____ Spieler und Spielerinnen ihre Karten abgelegt haben.

Buchhandlung

● Ich suche einen Roman, den __jeder__ gern liest.

○ Fast _____ liest gern spannende Romane. Wir empfehlen im Moment von Donna Tartt „Der Distelfink".

● Aber nicht _____ lesen gern ein so dickes Buch.

○ Das stimmt. Aber _____, der es gelesen hat, ist begeistert.
Fast _____ Tag fragen Kunden nach dem Buch. Ich kann es wirklich _____ empfehlen.

● Mein Sohn wird 18 und er liest _____ Bücher, die spannend sind. Glauben Sie, es könnte ihm gefallen?

○ Auf _____ Fall. Ich kann es wirklich _____ Kunden empfehlen.

WÖRTER C

Statistik

Was denken Sie? Raten Sie! Ordnen Sie zu.

1. Jeder zweite Autofahrer _____ a) hat in den vergangenen zwei Jahren eine Diät gemacht.
2. Jeder dritte Deutsche _____ b) in Berlin kann nicht richtig Deutsch sprechen.
3. Jedes vierte Kind _____ c) in Deutschland befindet sich heute in Frauenhand.
4. Etwa jeder fünfte Europäer _____ d) in Deutschland ist zu dick.
5. Jedes sechste Kind _____ e) ist Vegetarier.
6. Nur jeder siebte Deutsche _____ f) kommt aus einem anderen Land.
7. Jedes neunte Motorrad _____ g) nutzt täglich den PC zu Hause.
8. Jeder zehnte Berliner _____ h) spricht mit seinen Pflanzen.
9. Etwa jeder 100. Mensch _____ i) steht häufig im Stau.

3 *alles, etwas, nichts* – Ergänzen Sie.

Reise

alles • alles • etwas • etwas • etwas • nichts • ~~nichts~~

1. Ich hoffe, wir haben ___*nichts*___ vergessen.
2. Ich glaube, wir haben jetzt _____ zusammengepackt.
3. Ich bin nicht sicher. Ich habe das Gefühl, dass wir _____ vergessen haben.
4. Kannst du mir noch _____ zu den Reiseplänen sagen?
5. Nein, ich sage _____. Die Reise ist eine Überraschung.
6. Wann hast du das _____ vorbereitet?
7. Jeden Tag habe ich _____ organisiert.

4 *etwas, mehr, wenig*, viel, *viele* – Ergänzen Sie.

Essgewohnheiten

~~viel~~ • wenig • etwas • etwas • mehr • viele • viel • etwas • wenig

1. Ich mag den Kaffee sehr süß. Ich brauche immer ___*viel*___ Zucker.
2. Wenn du _____ Süßigkeiten isst, nimmst du auch ab.
3. In den Pudding muss immer _____ Salz. Dann schmeckt er richtig gut.
4. Ich trinke morgens nie _____ als eine Tasse Kaffee.
5. Ich esse jeden Tag _____ Äpfel. Mindestens drei.
6. Morgens kann ich nicht _____ essen, ich esse nur _____ Obst.
7. Kannst du mir bitte noch _____ Marmelade geben?
8. Du trinkst zu _____ Orangensaft. Kein Wunder, wenn du oft krank wirst.

C WÖRTER

24 Personalpronomen: Nominativ, Akkusativ, Dativ

▶ Verben mit Akkusativ Seite 47, mit Dativ Seite 47, Präpositionen mit Akkusativ Seite 77, mit Dativ Seite 77

Nominativ	ich	du	er	es	sie	wir	ihr	sie/Sie
Akkusativ	mich	dich	ihn	es	sie	uns	euch	sie/Sie
Dativ	mir	dir	ihm	ihm	ihr	uns	euch	ihnen/Ihnen

Nominativ, Akkusativ, Dativ? Das hängt vom Verb oder von der Präposition ab.

Ergänzungen und Personalpronomen im Satz
Die Pronomen im Dativ und/oder Akkusativ stehen immer nach dem konjugierten Verb:

Sie **gratuliert ihm** zum Geburtstag.
Sie **gratuliert ihm** morgen zum Geburtstag.
Sie **hat ihm** gestern noch nicht zum Geburtstag gratuliert.

	Verb	Dativergänzung Pronomen	Akkusativergänzung
Jonas	gibt	ihr	ein Buch.

Das Personalpronomen im Akkusativ steht immer vor dem Personalpronomen im Dativ.

	Verb	Pronomen Akkusativ	Pronomen Dativ / Dativergänzung
Jonas	gibt	es	ihr / seiner Freundin.

1 Ersetzen Sie die Nomen durch ein Personalpronomen: Nominativ oder Akkusativ.

Reisevorbereitungen

1. ● Hast du *den Koffer* schon gepackt? ○ Nein, ich packe _____ nach dem Essen.
2. ● Holt *Johannes* die Schlüssel? ○ Ja, _____ kommt um 19 Uhr.
3. ● Hast du deinen *neuen Pass* abgeholt? ○ Ja, ich habe _____ gestern abgeholt.
4. ● Wie sieht *dein Passfoto* aus? ○ _____ ist schrecklich!
5. ● Hast du *deine Eltern* angerufen? ○ Nein, ich habe _____ nicht erreicht.
6. ● Weißt du, wo *meine Hose* ist? ○ Ich habe _____ auf dein Bett gelegt.
7. ● Wie oft kommt *Frau Nehling*? ○ Ich habe _____ gebeten, zweimal zu kommen.
8. ● Hast du den *Reiseführer* eingepackt? ○ Ja, ich habe _____ in meiner Tasche.

WÖRTER C

2 Ergänzen Sie die Personalpronomen.

Verabredung

1. ● Hallo, Sven, _wir_ wollten doch heute ins Kino gehen.
2. ○ Das habe _____ nicht vergessen. Bringst du deine Freundin mit?
3. ● Ja, _____ ist am Wochenende bei mir.
4. ○ Sollen wir _____ dann abholen?
5. ● Das braucht _____ nicht. Wir gehen zu Fuß.
6. ○ Wo treffen wir _____? Vor dem Kino?
7. ● Gut. Oder wollen _____ vorher noch etwas essen? _____ würde Spaghetti kochen.
8. ○ Gute Idee. Dann kommen _____ doch schon um sieben.

Bitten

9. ● Hallo, Papa, wir sind in der Disko und es fährt kein Bus mehr. Kannst du _____ abholen?
   ○ Wo finde ich _____ denn?
   ● _____ stehen an der Haltestelle.
10. ● Klaus ist krank, könntest du _____ bitte zum Arzt fahren?
    ○ Natürlich mache _____ das. Ich komme gleich.
11. ● Können _____ mir bitte ein Taxi bestellen?
    ○ Gern, wann soll _____ hier sein?
12. ● Ich bin müde, kannst du _____ bitte nach Hause bringen?
    ○ Natürlich bringe ich _____ nach Hause. Das habe _____ deiner Mutter versprochen.
13. ● Fahrt ihr mit dem Bus oder soll ich _____ nach Hause fahren?
    ○ Danke, _____ gehen zu Fuß.

Prüfung

14. Der Text war schwierig. Habt ihr _____ verstanden?
15. Hast _____ viele Sätze geschrieben?
16. Und die Hörverstehensaufgabe: War _____ schwer?
17. Musstet _____ die Texte auch laut sprechen?
18. Nein, wir haben _____ nur geschrieben.
19. Das Leseverstehen: War _____ schwierig?
20. Viele Wörter waren neu. Ich habe _____ nicht verstanden.
21. Kannst _____ den Test wiederholen, wenn _____ durchfällst?
22. In zwei Wochen können wir _____ noch einmal schreiben.

C WÖRTER

3 Ergänzen Sie die Personalpronomen wie im Beispiel.

1 Peter schenkt seiner Mutter ein Buch.

a) __Er schenkt ihr__ ein Buch.

b) __Er schenkt es__ seiner Mutter.

2 Tom und Merle leihen ihrem Vater ihren Laptop.

a) __Sie__ _____ ihren Laptop.

b) _____ ihrem Vater.

Möchten Sie noch etwas mehr Zucker? Ich bringe Ihnen gern noch welchen.

3. Der Lehrling bringt seiner Chefin einen Kaffee.

a) _____ einen Kaffee.

b) _____ seiner Chefin.

4. Meine Nachbarin hat den Vermietern eine E-Mail geschrieben.

a) _____ eine E-Mail geschrieben.

b) _____ den Vermietern geschrieben.

5. Monika und Paul zeigen ihren Freunden die Urlaubsfotos.

a) _____ die Urlaubsfotos.

b) _____ ihren Freunden.

6. Herr Sauter schenkt seiner Frau zum Valentinstag Blumen.

a) _____ zum Valentinstag Blumen.

b) _____ seiner Frau.

4 Ergänzen Sie die Personalpronomen wie im Beispiel.

1. Hast du Klaus das Rauchen verboten? Ja, ich habe __es ihm verboten.__

2. Hast du Maria das Buch gegeben? Ja, ich habe _____

3. Hast du den Gästen ein Glas Wasser angeboten? Ja, ich habe _____

4. Hast du der Nachbarin die Blumen gebracht? Ja, ich habe _____

5. Hast du Johannes die CD gebrannt? Ja, ich habe _____

6. Hast du deiner Freundin eine Pizza bestellt? Ja, ich habe _____

7. Hast du dem Nachbarn eine Karte geschrieben? Ja, ich habe _____

8. Hast du deinem Freund das Fahrrad geliehen? Ja, ich habe _____

25 Fragewörter

1 Ordnen Sie bitte die Fragewörter zu. Es gibt manchmal mehrere Möglichkeiten.

Fragebogen

Bis wann • Um wie viel Uhr • Von wem • Wann • Warum • Was • Welche • Wem • Wen • Wer • Wie • Wie lange • Wie oft • Wie viele • Wo • Wohin

1.	_Wohin/Wie_	möchten Sie einmal in Urlaub fahren?
2.	_____	sind Sie geboren? In welcher Stadt?
3.	_____	bleiben Sie am Wochenende auf?
4.	_____	Verwandte von Ihnen leben in Deutschland? 5, 10 …
5.	_____	haben Sie Geburtstag?
6.	_____	hat Ihnen den Sprachkurs empfohlen?
7.	_____	fahren Sie zum Sprachkurs? Mit dem Bus?
8.	_____	sind Ihre wichtigsten Hobbys?
9.	_____	Jahreszeit mögen Sie am liebsten?
10.	_____	lernen Sie am Tag Deutsch? Eine Stunde?
11.	_____	möchten Sie Deutsch lernen? Wegen der Arbeit?
12.	_____	möchten Sie eine rote Rose schenken? Ihrem Freund?
13.	_____	möchten Sie gern einmal einladen?
14.	_____	stehen Sie sonntags auf?
15.	_____	treffen Sie sich mit Freunden? Täglich?
16.	_____	werden Sie am liebsten angerufen? Von Ihrer Mutter?

2 Wählen Sie 8 Fragen aus und beantworten Sie sie.

1. _In die Antarktis. Ich will dort die Pinguine besuchen._
_____
_____
_____
_____
_____
_____
_____

C WÖRTER

26 Reflexivpronomen: *mich, dich, sich …*

Einige Verben aus A1/A2 gebraucht man immer reflexiv.

	Subjekt		Reflexivpronomen (Akkusativ)	
sich ausruhen	Ich	habe	**mich**	am letzten Wochenende gut ausgeruht.
sich beeilen	Du	musst	**dich**	beeilen, es ist schon spät.
sich beschweren	Er	hat	**sich**	beim Chef beschwert.
sich freuen	Wir	freuen	**uns**	auf die Ferien.
sich kümmern	Ihr	kümmert	**euch**	bitte um die Pflanzen.

> Die Formen sind identisch mit dem Personalpronomen.
> Ausnahme 3. Person Singular und Plural: *sich*

Diese Verben aus A1/A2 können auch reflexiv gebraucht werden.

sich anmelden	Ich melde **mich** für einen Sprachkurs an.
anmelden + Akk	Ich melde **meine Freundin** für einen Sprachkurs an.
(sich) anziehen	Bitte zieh **dich** endlich an!
(sich) ausziehen	Meine Tochter kann **sich** schon ganz alleine ausziehen.
(sich) ärgern	Sie ärgert **sich** immer über ihren Bruder.
(sich) duschen	Tom duscht **sich** jeden Morgen.
(sich) entschuldigen	Bitte entschuldige **dich** bei deinem Nachbarn.
(sich) erinnern	Das Kind kann **sich** gut an die Großeltern erinnern.
(sich) fühlen	Fühlt ihr **euch** heute auch so müde?
(sich) setzen	Sie setzt **sich** immer in die letzte Reihe.
(sich) treffen	Wo treffen wir **uns**?
(sich) umziehen	Du kannst **dich** hier umziehen.
(sich) unterhalten	Hast du **dich** gut unterhalten?
(sich) vorstellen	Sie stellen **sich** morgen bei der neuen Firma vor.
(sich) waschen	Wann habt ihr **euch** das letzte Mal gewaschen?

◐ Das brauchen Sie erst auf dem Niveau B1:

sich waschen	Ich wasche		mich.
	Ich wasche	**mir**	die Hände.
		↑	↑
		Dativ	Akkusativ

> Gibt es zwei Ergänzungen, dann steht die Person (Reflexivpronomen) im Dativ.

66

WÖRTER C

1 Ergänzen Sie die Reflexivpronomen.

~~mich~~ • mich • mich • dich • mich • sich • sich • sich • uns • uns • uns • uns • uns • uns • uns • euch

1. ● Endlich Wochenende! Da kann ich ____mich____ mal so richtig ausruhen.

2. ○ Erinnerst du _____ noch an das letzte Jahr?
   Da haben wir _____ jeden Samstag mit den Kollegen getroffen und gearbeitet.

3. ● Stimmt, da haben wir _____ um nichts anderes mehr gekümmert.

4. ○ Stefan und Hanna haben _____ oft beschwert, dass wir gar keine Zeit mehr hatten.

5. ● Oft haben sie gesagt: Wann ruht ihr _____ eigentlich mal aus? Wann können wir _____ mal wieder in Ruhe unterhalten?

6. ○ Ich glaube, sie haben _____ oft über uns geärgert.

7. ● Wollen wir _____ nicht heute einfach mit ihnen treffen? Ich rufe Stefan an. – Hallo Stefan, hier ist Michael. Was machst du gerade?

8. ○ Nichts Besonderes, ich ruhe _____ aus, d.h., wir ruhen _____ aus, Hanna ist auch da.

9. ● Wollen wir _____ treffen? Habt ihr Lust, ins Kino zu gehen?

10. ○ Super Idee! Ich frage Hanna … – Sie freut _____. Wo sollen wir _____ treffen?

11. ● Um 20 Uhr vor der „Kamera". – Beate, wir gehen um acht ins Kino.

12. ○ Gut, dann dusche ich _____ noch schnell und ziehe _____ um.

2 Schreiben Sie Sätze mit Reflexivpronomen oder Akkusativergänzung.

1. (sich) anmelden: Frau Bohle / ihre Tochter / gestern / beim Sportverein /.
   ___Frau Bohle hat ihre Tochter gestern beim Sportverein angemeldet.___

2. (sich) anziehen: Anna / immer allein / morgens / .
   _____

3. (sich) ärgern: wir / über / die Nachbarn / .
   _____

4. (sich) erinnern: du / an deinen Lehrer / in der Grundschule /?
   _____

5. (sich) kümmern: meine Eltern / um ihren Garten / .
   _____

6. (sich) beschweren: ihr / müssen / bei eurem Vermieter / .
   _____

C WÖRTER

27 Zusammenfasssung: Artikelwörter, Pronomen, Indefinita

1 [P] Wählen Sie für jede Lücke das passende Wort.

Liebe Suzan,

danke für ___1___ Diättipps zum neuen Jahr. Da darf ___2___ ja fast nichts essen, was gut schmeckt! Keine Schokolade, ___3___ Fett und keinen Alkohol, das ist normal. „Aber ___4___ Butter brauche ich doch morgens auf ___5___ Brot!", war mein erster Gedanke. Dann lese ich weiter … Es gibt auch ___6___ Brot mehr in der Diätzeit! Du sagst, dass ___7___ vier Wochen kein Brot essen darf. Das ist hart. Das hat ___8___ noch niemand gesagt. Ich weiß, ___9___ darf viel Gemüse und ___10___ Obst essen und manchmal auch ___11___ Fleisch oder Käse, aber mit ___12___ Fett. Kannst du ___13___ vorstellen, wie man mit ___14___ Diätplan ein Fest organisieren soll? Wir haben im Frühjahr immer ___15___ Geburtstage, die wir in ___16___ Familie feiern. Ich finde ___17___ Menschen, die dann ___18___ essen, immer unsympathisch. Und nach zwei Wochen denke ich auch: „Ich kann ___19___ Gemüse nicht mehr sehen. Darf ich denn ___20___ Gutes essen? Muss ich denn auf ___21___ verzichten?" Nein, Suzan, bei dieser Diät fühle ich ___22___ schlecht.
Und Peter, wie soll ich ___23___ erklären, dass er 4 Wochen ___24___ Brot essen darf, wenn er ___25___ Ziel erreichen will? ___26___ will ___27___ abnehmen, 12 Kilo bis zum Urlaub. Das schafft ___28___ nie! (Ich finde, dass ___29___ eigentlich 20 kg abnehmen müsste!) ___30___ essen reicht meistens auch nicht. Er müsste ___31___ Tag joggen gehen. Na ja, ich müsste mich auch ___32___ bewegen, dann geht das Abnehmen auch leichter. Vielleicht wäre ein richtiger Diätplan das Beste. Kann ich ___33___ morgen Abend anrufen?

Liebe Grüße
Marina

1. [a] deine	[b] deinen	12. [a] nichts	[b] wenig	23. [a] es	[b] ihm
2. [a] jemand	[b] man	13. [a] dir	[b] dich	24. [a] keins	[b] kein
3. [a] ohne	[b] kein	14. [a] dies	[b] diesem	25. [a] sein	[b] seins
4. [a] etwas	[b] viel	15. [a] viel	[b] viele	26. [a] Der	[b] Jeder
5. [a] mein	[b] meinem	16. [a] unserer	[b] eurer	27. [a] nichts	[b] viel
6. [a] nichts	[b] kein	17. [a] diesen	[b] diese	28. [a] der	[b] es
7. [a] man	[b] jemand	18. [a] niemand	[b] nichts	29. [a] er	[b] ihn
8. [a] mich	[b] mir	19. [a] welches	[b] dieses	30. [a] viel	[b] wenig
9. [a] er	[b] man	20. [a] nichts	[b] mehr	31. [a] alle	[b] jeden
10. [a] viel	[b] viele	21. [a] nichts	[b] alles	32. [a] wenig	[b] mehr
11. [a] viel	[b] etwas	22. [a] mir	[b] mich	33. [a] dich	[b] dir

WÖRTER C

2 Ergänzen Sie die Pronomen/Artikel.

1. *Maria:* Jonathan hat ____meinen____ Füller.

   Jonathan: Das stimmt nicht, ich habe _____ Füller nicht.

   Herr Lehmann: Jonathan, gib Maria bitte _____ Füller zurück.

   Jonathan: Das ist aber _____.

   Maria: Stimmt nicht. Der gehört _____.

2. *Maria:* Das ist _____ neues Auto. Klaus und _____ haben es gestern gekauft.

   Tom: Das ist _____? Super. Das war bestimmt nicht billig.

   Klaus: Was ist eigentlich mit _____? Ist _____ noch in der Werkstatt?

   Tom: Ich habe _____ nicht mehr. Ich hab _____ letzte Woche verkauft.

   Maria: Wir können dir jetzt auch mal _____ ausleihen.

   Tom: Das ist gut, danke.

3 *dies...* und *welch...* – Ergänzen Sie.

1. ● Willst du _____ Kleid heute Abend anziehen?

   ○ Ja, warum nicht. _____ würdest du denn anziehen?
   Ich habe kein anderes. Und _____ Schuhe ziehe ich auch an.

2. ● Am liebsten würde ich helle Strümpfe anziehen.
   Hast du _____?

   ○ Ja, in dem Schrank liegen _____.
   _____ passen gut zu deinem Rock.

3. ● Magst du _____ Käse?

   ○ _____ meinst du?

   ● Hier, _____ mit Paprika.

   ○ Der sieht gut aus. _____ Käse wollen wir noch nehmen?

C WÖRTER

28 Adjektive nach: *der, das, die, dieser, dieses, diese*

	Maskulinum	Neutrum	Femininum	Plural
Nominativ	der schön[e] Kopf	das schöne Ohr	die schöne Nase	die schönen Köpfe/Beine/Hände
Akkusativ	den schönen Kopf	das schöne Ohr	die schöne Nase	die schönen Köpfe/Beine/Hände
Dativ	dem schönen Kopf	dem schönen Ohr	der schönen Nase	den schönen Köpfen/Beinen/Händen

Endungen der Adjektive nach *dieser, dieses, diese* wie nach *der, die, das*: dieser schöne Kopf, diese schöne Nase.

1 Lesen Sie die Tabelle oben und markieren Sie die Adjektivendungen. Ergänzen Sie dann die Regeln.

– Nach den bestimmten Artikeln gibt es zwei Adjektivendungen: -_____ und -_____.

– Nominativ, Akkusativ (Neutrum + Femininum Singular) – Endung: -_____

– Akkusativ (Maskulinum), Dativ und alle Plurale – Endung: -_____

TIPP Nomen immer mit Artikel lernen! Sonst lernen Sie die Adjektivendungen nie.
Die Adjektivendungen lernt man mit der Zeit! Im Zweifel immer *-en* verwenden.
Machen Sie sich Lernkarten mit Beispielsätzen.

---

der Spielplatz, ¨-e
Hast du den neuen
Spielplatz gesehen?
Er geht immer zum neuen Spielplatz.

---

das Auto, -s
Ich habe das alte Auto verkauft.
Was machst du mit dem
alten Auto?

---

die Bluse, –n
Hast du eine neue Bluse?
Ich mag keine blauen Blusen.

---

der Rock, ¨-e
Ich trage gern kurze Röcke.
Mit dem schwarzen Rock siehst
du toll aus.

WÖRTER C

2 Ergänzen Sie die Artikel der Nomen und dann die Adjektivendungen in 1–7.

_____ Anzug • _____ Jacke • _____ Schuh • _____ Pullover • _____ Hose • _____ Rock • _____ Halstuch

Kleidung

1. Diese neu_____ Jacke von Lisa gefällt mir.

2. ● Pia, kann ich mit diesem blau_____ Anzug ins Theater gehen?
   ○ Unmöglich! Warum ziehst du nicht den grau_____ Anzug an?
   ● Weil der grau_____ Anzug schmutzig ist.

3. ● Die neu_____ Schuhmode finde ich furchtbar.
   ○ Ich finde die neu_____ Schuhe für diesen Sommer toll.

4. ● Ist der alt_____ Wintermantel von meinem Vater noch da?
   ○ Den alt_____ Wintermantel habe ich Max geschenkt.

5. ● Ich möchte diese weiß_____ Hose kaufen.
   ○ Möchten Sie den rot_____ Pullover auch dazu?
   ● Nein danke, nur die weiß_____ Hose, bitte.

6. ● Mit diesem lang_____ Rock siehst du aus wie Oma Lore.
   ○ Ich kann zum Fest von Oma Lore aber nicht den kurz_____ Rock anziehen. Das geht nicht!

7. ● Hast du dieses blau_____ Halstuch schon gesehen?
   ○ Das finde ich wunderschön.

3 Schreiben Sie die Sätze.

Wohnung

1. Die / neu / Wohnung / ist wunderschön / von Peter
   Die neue Wohnung _____

2. Hast du / gesehen / das / blau / Sofa / ?
   _____

3. In seiner / groß / Küche / man sicher / gern / kocht
   _____

4. Ich finde / gemütlich / das / klein / Wohnzimmer
   _____

5. Den / rund / Esstisch / in die Küche / würde ich / stellen
   _____

6. Mir gefallen die / groß / Fenster / mit den / bunt / Vorhängen
   _____

C WÖRTER

29 Adjektive nach: *ein, kein, mein, dein …*

Nach den unbestimmten Artikeln/Possessivartikeln gibt es vier Adjektivendungen:
–er, –es, –en, –e

Singular			
	Maskulinum	Neutrum	Femininum
	der Film	das Buch	die CD
Nominativ	k/ein neu**er** Film	k/ein neu**es** Buch	k/eine neu**e** CD
Akkusativ	k/einen gut**en** Film	k/ein gut**es** Buch	k/eine gut**e** CD
Dativ	k/einem alt**en** Film	k/einem alt**en** Buch	k/einer alt**en** CD.
Plural			
Nominativ	die Filme	die Bücher	die CDs
	—* neu**e** Filme	—* neu**e** Bücher	—* neu**e** CDs
	keine neu**en** Filme	keine neu**en** Bücher	keine neu**en** CDs
Akkusativ	—* neu**e** Filme	—* neu**e** Bücher	—* neu**e** CDs
	keine gut**en** Filme	keine gut**en** Bücher	keine gut**en** CDs
Dativ	—* neu**en** Filmen	—* neu**en** Büchern	—* neu**en** CDs
	keinen alt**en** Filmen	keinen alt**en** Büchern	keinen alt**en** CDs

* *ein* hat keine Pluralform.

Nach den Possessivartikeln *(mein, dein, sein …)* sind die Adjektivendungen wie nach *kein*.

---

1   Lesen Sie die Tabelle oben. Ergänzen Sie die Adjektivendungen.

Nominativ: Maskulinum ___–er_____, Neutrum _____, Femininum _____

Akkusativ: Maskulinum _____, Neutrum _____, Femininum _____

Dativ: Maskulinum _____, Neutrum _____, Femininum _____

Plural: Maskulinum _____, Neutrum _____, Femininum _____

2   Ergänzen Sie die Adjektivendungen.

Kultur und Unterhaltung

1. Im Kino läuft ein neu_____ Film mit Elyas M'Barek. Ich habe seinen ers_____ gesehen. Der war gut.

2. Bücher lesen? – Nein danke! Ich lese nur sehr spannend_____ Krimis auf meinem E-Reader,

   aber nur im Urlaub. Die aktuell_____ Tageszeitung lese ich morgens online, auch alle

   ander_____ Informationen lese ich nur im Netz.

3. Das letzt_____ Album von ZAZ hat mir schon gut gefallen und ihr neu_____ Song ist genial!

4. Mit seinem berühmt_____ Film „Metropolis" wurde der Regisseur Fritz Lang weltbekannt.

5. Mit einem gut_____ Buch auf dem Sofa liegen und eine schön_____ Musik hören ist Luxus!

3 Ergänzen Sie Adjektive mit der passenden Endung.

Liebesbrief

Sie können aus folgenden Adjektiven wählen, Sie können aber auch andere verwenden:

alt • bunt • dunkel • hell • einsam • gelb • glücklich • grün • hoch • klar • klein • ~~lang~~ • laut • romantisch • rot • ruhig • schlecht • schön • schwarz • süß • viel • weiß …

Mein Liebling, mein Alles!

Jetzt ist es schon fast eine ___lange___ Stunde her, seit wir uns gesehen haben.
Es kommt mir schon wie _____ Monate vor.
Vor mir steht mein _____ Computer, ich schaue auf den _____
Bildschirm und sehe durch ihn hindurch deine _____ Augen. Ich rieche
dein _____ Parfüm und höre deine _____, _____ Stimme.
Ich liebe dich. Ich liebe dich so sehr, dass ich an nichts anderes mehr denken kann.
Du hast mich mit deinem _____ Lächeln verzaubert. Ich möchte mit dir in
einer _____ Sommernacht am Fluss spazieren gehen und an einem
_____ Winterabend in das _____ Licht einer Kerze schauen. Ich
sehe uns zwei allein auf einer _____ Insel, wo niemand unser Glück stören
kann. Ich sehe uns auf einem _____ Berg in einer _____ Hütte,
weit weg von der _____, _____ Welt.
Glaubst du, dass ich verrückt bin? Ja, ich bin verrückt, verrückt nach deinen _____ Händen. Ich möchte dein _____ Haar berühren. Ich
möchte deine _____ Hand in meiner halten und ich möchte, ich möchte …

Bitte ruf mich an. Bitte komm schnell zu mir. Ich brauch dich so sehr.
Deine _____ Augen, deinen _____ Mund …
Ich brauche dich ganz, ohne dich kann ich nicht mehr leben.

Amadeo

C WÖRTER

30 Adjektive vor dem Nomen – ohne Artikel

	Maskulinum	Neutrum	Femininum
Singular			
	der Kuchen	das Brot	die Wurst
Nominativ	(der) frisch**er** Kuchen	(das) frisch**es** Brot	(die) frisch**e** Wurst
Akkusativ	(den) frisch**en** Kuchen	(das) frisch**es** Brot	(die) frisch**e** Wurst
Dativ	(dem) frisch**em** Kuchen	(dem) frisch**em** Brot	(der) frisch**er** Wurst
Plural			
	die Kuchen	die Brote	die Weißwürste
Nominativ	(die) frisch**e** Kuchen	(die) frisch**e** Brote	(die) frisch**e** Weißwürste
Akkusativ	(die) frisch**e** Kuchen	(die) frisch**e** Brote	(die) frisch**e** Weißwürste
Dativ	(den) frisch**en** Kuchen	(den) frisch**en** Broten	(den) frisch**en** Weißwürsten

Der letzte Buchstabe des Adjektivs ist hier immer identisch mit dem letzten Buchstaben des bestimmten Artikels.

1 Unterstreichen Sie die Adjektivendungen. Wie heißen die Artikel der Nomen?

1. Junge Hühner zu verkaufen.
2. Süße Kätzchen an freundliche Menschen abzugeben.
3. Freundlicher erfahrener Rentner hilft zuverlässig bei der Gartenarbeit.
4. Wir suchen langfristig kompetenten Hausmeister für neue Seniorenanlage.
5. Fast neue Gartenmöbel!! Runder Tisch, vier Stühle mit grünen Auflagen. TOP Zustand.
6. Rotes Mädchenfahrrad Größe 16. Günstig abzugeben.
7. Großer, alter Eichenschrank zu verkaufen.
8. Indischer Gabbeh-Teppich 248x303cm abzugeben.
9. Neuwertiger Sessel mit blau-weißem Blumenmuster zu verschenken.

1. _die Hühner_
2. _____
3. _____
4. _____
5. _____
6. _____
7. _____
8. _____
9. _____

WÖRTER C

31 Vergleiche: Komparativ und Superlativ

▶ Vergleiche Seite 25

Regelmäßige Formen

Grundform	Komparativ	Superlativ*	
schön	schön**er**	**am** schön**sten**	**der/das/die** schönste …
billig	billig**er**	**am** billig**sten**	**der/das/die** billigste …
teuer	teu**rer**	**am** teuer**sten**	**der/das/die** teuerste …
dunkel	dun**kler**	**am** dunkelsten	**der/das/die** dunkelste …

⬤ * Die Superlativformen müssen Sie erst auf Stufe B1 können.

Regelmäßige Formen mit Umlaut (ä, ö, ü)

Grundform	Komparativ	Superlativ	
alt	**ä**lter	am **ä**lt**e**sten	**der/das/die** **ä**lt**e**ste …
arm	**ä**rmer	am **ä**rmsten	**der/das/die** **ä**rmste …
hart	h**ä**rter	am h**ä**rt**e**sten	**der/das/die** h**ä**rt**e**ste …
kalt	k**ä**lter	am k**ä**lt**e**sten	**der/das/die** k**ä**lt**e**ste …
warm	w**ä**rmer	am w**ä**rmsten	**der/das/die** w**ä**rmste …
groß	gr**ö**ßer	am gr**ö**ßten	**der/das/die** gr**ö**ßte …
hoch	h**ö**her	am h**ö**chsten	**der/das/die** h**ö**chste …
dumm	d**ü**mmer	am d**ü**mmsten	**der/das/die** d**ü**mmste …
gesund	ges**ü**nder	am ges**ü**ndesten	**der/das/die** ges**ü**ndeste …
jung	j**ü**nger	am j**ü**ngsten	**der/das/die** j**ü**ngste …

Unregelmäßige Formen

Grundform	Komparativ	Superlativ
gut	**besser**	**am besten**
gern	**lieber**	**am liebsten**
viel	**mehr**	**am meisten**

1 Komparativ – Schreiben Sie die Sätze zu Ende.

Produkte

1. Cola schmeckt gut, aber Milch schmeckt mir _____.

2. Ich esse gern in der Kantine, aber bei meiner Mutter esse ich noch _____.

3. DVD sehen finde ich gut, aber Kino finde ich noch _____.

4. Alle Äpfel sind gesund, aber sind Bioäpfel wirklich _____?

5. Die Deutschen essen viel Nudeln (7 kg im Jahr), aber noch _____ Kartoffeln (70 kg im Jahr).

C WÖRTER

2 Komparativformen – Was meinen Sie? Schreiben Sie die Aussagen zu Ende.

Essen

1. Kochen finde ich schön, aber _ein Essen im Restaurant finde ich viel_ _____.
2. Ich esse Spaghetti mit Soße ganz gern, aber ich esse _lieber_ _____.
3. Orangen haben viel Vitamin C, aber ich glaube, _____ haben noch _____.
4. Lebensmittel sind in Deutschland billig. In _____.
5. Fleisch ist oft ziemlich teuer, aber guter Fisch ist heute noch _____.

Klima

6. Im Sommer ist es in Deutschland auch warm.
   Aber in _____ ist es viel _____.
7. Die Zugspitze ist ein hoher Berg (2962 m).
   Aber der _____ ist viel _____.
8. Köln ist eine alte Stadt (50 n. Chr.).
   Aber _____ ist viel _____.
9. New York ist eine ziemlich junge Stadt (ab 1624).
   Aber _____ ist viel _____.
10. Berlin ist eine große Stadt (3 Mio. Einwohner)
    Aber _____ ist viel _____.

3 *Am liebsten, besten meisten, schönsten …* – Schreiben Sie Aussagen über sich.

Am liebsten esse ich _____

Am schönsten finde ich _____

Am meisten liebe ich _____

Am besten kann ich _____

WÖRTER C

32 Präpositionen

1 Hier ist die Liste der Präpositionen, die Sie auf dem Niveau A1 gelernt haben. Überlegen Sie: Welche Bedeutung können diese Präpositionen haben? Notieren Sie Beispiele.

ab • an/am • auf • aus • bei/beim • bis • für • hinter • in/im • mit • nach • neben • über • um • unter • von … bis • von … nach • zu/zum/zur • zwischen

Ich bin morgen ab 8 Uhr im Büro. Am Montag hab ich frei.

TIPP Die wichtigsten Präpositionen mit Dativ können Sie sich so merken: HERR **VON NACHSEITZU** UND FRAU **AUSBEIMIT** BLEIBEN MIT DEM DATIV FIT.

2 Präpositionen mit Akkusativ – Ergänzen Sie.

Immer mit Akkusativ

für • ohne • um

Ich kann _____ meine Musik nicht leben. Ich brauche unbedingt

neue Batterien _____ meinen MP3-Spieler, aber _____ diese

Zeit sind alle Geschäfte schon zu.

3 Präpositionen mit Akkusativ oder Dativ –
Ergänzen Sie die Präpositionen und die Artikel.

Akkusativ (→ Richtung) oder Dativ (● Ort)

in • an • auf

1. ● Wohnen Sie noch _____ d_____ Badstraße?

   ○ Nein, ich bin vor einem Jahr _____ d_____ Schlossallee umgezogen.

2. ● Warum steht mein Fahrrad _____ d_____ Wand?

   ○ Es ist umgefallen, dann hab ich es _____ d_____ Wand gestellt.

3. ● Wo ist meine Brille? Ich hab sie vorhin _____ d_____ Tisch gelegt.

   ○ Sie ist auch _____ d_____ Tisch. Unter der Zeitung.

C WÖRTER

4 Präpositionen temporal, lokal, modal – Ergänzen Sie die Präpositionen.

Urlaubsplanung

ab • am • bis • bis • im • nach • vom

1. Ich mache immer _____ Sommer Urlaub.

2. _____ 20. Juli _____ zum 21. August bin ich in Ferien.

3. _____ dem 19. August bin ich wieder zu Hause.

4. Ich komme aber erst _____ dem 21. August wieder ins Büro.

5. Ich muss alle meine E-Mails _____ Mittwochnachmittag beantworten.

6. _____ Mittwochabend funktioniert unser Internetzugang nicht.

Unordnung

aus • auf • im • neben • unter • vor

7. Deine Tasche steht _____ deinem Stuhl.

8. Deine Brille liegt _____ der Zeitung.

9. Dein Geldbeutel liegt _____ deinem Schreibtisch.

10. Dein Schlüssel ist noch _____ Türschloss.

11. Deine Schuhe stehen noch draußen _____ der Tür.

12. Ich glaube, dein Kopf ist _____ Holz!

Verkehr

am • bei • für • hinter • nach • nach • über • zum • zwischen • zwischen

13. _____ Rathaushausplatz und Gerbergasse fährt heute keine Straßenbahn.

14. _____ Berlin fahren Sie am besten mit dem ICE. Er braucht nur knapp

    _____ vier Stunden von Frankfurt nach Berlin.

15. Fahren Sie mit der Linie 5 _____ Hauptbahnhof. Das sind nur fünf Minuten.

16. Die Post ist gleich da vorne. Man sieht sie nicht, weil sie _____ dem Supermarkt ist.

17. _____ 24.12. und 1.1. fährt dieser ICE nicht.

18. _____ 21 Uhr fährt die Straßenbahn nur noch alle 30 Minuten.

19. _____ 24 Uhr und 5 Uhr fahren _____ uns nur wenige Busse und Straßenbahnen.

20. Gestern sind _____ mehr als zwei Stunden keine Straßenbahnen gefahren: Stromausfall!

WÖRTER C

33 Präpositionen: temporal (Zeit) und lokal (Ort)

Auf dem Niveau A2 müssen Sie zusätzlich zu A1 diese Präpositionen können:

temporal	
bis	Ich haben mir **bis** nächsten Montag freigenommen.
seit	Paul arbeitet **seit** einer Woche als Koch in einem italienischen Restaurant.
von … an	**Von** nächstem Sonntag **an** beginnen die Fernsehnachrichten immer um 20 Uhr 30.
während	**Während** der Woche habe ich keine Zeit zum Fernsehen.
zu	Ich esse **zum** Frühstück meistens nur Obst und trinke einen Tee.
lokal	
gegenüber	Obst und Gemüse bekommen Sie im Gemüseladen **gegenüber**.
von	Montags komme ich immer erst spät **von** der Arbeit nach Hause.
vor	Treffen wir uns **vor** dem Restaurant oder im Restaurant?

1 Was passt zusammen? Ordnen Sie zu.

Freizeit

1. Ich warte auf dich   _____ a) während der Filmvorstellung aus.
2. Wir haben noch etwas Zeit,   _____ b) gleich hier gegenüber.
3. Von nächster Woche an   _____ c) vom Kino nach Hause.
4. Schalten Sie bitte Ihr Handy   _____ d) bis der Film anfängt.
5. Nach dem Kino gehen wir in die Pizzeria   _____ e) seit zwei Jahren nicht mehr.
6. Wir kommen heute erst spät   _____ f) läuft im Kino der neue „James Bond".
7. Im Theater war ich   _____ g) gehören für mich Popcorn und Cola.
8. Zu einem guten Kinoabend   _____ h) vor dem Kino.

2 Ergänzen Sie die Präpositionen

Wohnen

bis • gegenüber • seit • vom • von … an • vor • während • zum

1. _____ des Abendessens sehe ich gern die Nachrichten im Fernsehen.
2. Stell die Mülltonne bitte _____ die Haustür.
3. ● Bist du heute _____ Abendessen zu Hause?
   ○ Nein, ich komme heute erst spät _____ Unterricht zurück.
4. Lisa wohnt in der Beckstraße 23, der Supermarkt ist gleich _____.
5. _____ nächster Woche _____ renovieren wir unsere Wohnung. Deshalb habe ich mir _____ Donnerstag freigenommen.
6. Wir wohnen schon _____ zehn Jahren hier und haben noch nie renoviert.

C WÖRTER

34 Wechselpräpositionen: Ort (Dativ) oder Richtung (Akkusativ)

Diese Präpositionen können Dativ ● oder Akkusativ → haben:

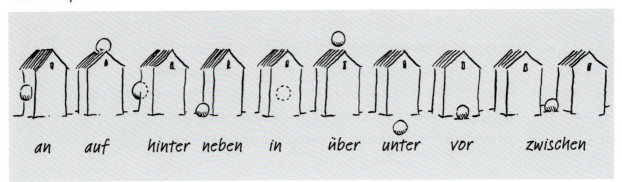

an   auf   hinter   neben   in   über   unter   vor   zwischen

1 Ergänzen Sie Präpositionen und die Artikel im Dativ oder Akkusativ.

Reisevorbereitungen

1. ● Hast du die Koffer schon ___ins___ Auto gestellt?
   ○ Nein, sie stehen noch n_____ d_____ Auto.

2. ● Wo ist mein Tennisschläger?
   ○ Der liegt noch im Flur h_____ d_____ Tür.

3. ● Hast du die beiden Reiseführer?
   ○ Die habe ich u_____ d_____ Sitz gelegt.

4. ● Sind die Pässe i_____ dein_____ Tasche?
   ○ Nein, die habe ich a_____ d_____ Tisch im Wohnzimmer gelegt.

5. ● Haben wir die Medikamente dabei?
   ○ Die hab ich i_____ dein_____ Koffer gepackt.

6. ● Die Fahrräder sind noch nicht a_____ d_____ Auto.
   ○ Ich weiß. Sie stehen noch v_____ d_____ Auto.
   Ich stelle sie zum Schluss a_____ d_____ Autodach.

Urlaubsorte

7. Ich mache gern a_____ d_____ Kanarischen Inseln Urlaub.

8. Man kann dort i_____ d_____ Bergen wandern oder a_____ Strand liegen.

9. Ich gehe gern i_____ d_____ Berge. Die Luft ist einfach wunderbar.

10. Ich gehe aber auch gern a_____ Strand spazieren.

11. A_____ den Kanaren kann man zwischen d_____ Bergen und d_____ Meer wählen.

12. V_____ d_____ Bergen liegt der Strand. H_____ d_____ Stränden sieht man die Berge.

35 Zusammenfassung: Grammatiktraining A2

1 **P** Lesen Sie die Mail. Welches Wort (a, b oder c) passt in die Lücken 1–26.

Liebe Kim,

vielen Dank für ___1___ lieben Brief. Es war schön, nach so langer Zeit mal wieder ___2___ von dir zu hören. Ich ___3___ schon von deinen Eltern gehört, ___4___ es dir zwar gut geht, aber dass du auch ganz schön kämpfen musst mit dem Leben im ___5___ Land. Schön, dass es ___6___ in Kenia jetzt so gut gefällt. Ich glaube dir, dass der Anfang in ___7___ neuen Land schwer ist. Bei uns war es ja auch so, als ich mit meinen Eltern nach Deutschland ___8___. Menschen, ___9___ noch nie in einem anderen Land gelebt ___10___, wissen von diesen Problemen meistens gar nichts. Da ist zuerst ___11___ neue Sprache. Na ja, das ist bei dir bestimmt ___12___ Problem gewesen, weil du meistens Englisch sprechen musst und das ___13___ du ja schon immer gut. Lernst du auch Swahili? Ohne ___14___ Sprache bekommt man keine Kontakte mit den Menschen und der Alltag ist zum Teil sehr schwierig. ___15___ du dann die Sprache etwas kannst, dann sind deine Probleme aber nicht zu Ende. Da sind die vielen ___16___ Dinge, die man als Kind und Jugendliche in ___17___ eigenen Kultur lernt und die man ___18___ neu lernen muss, wenn man in einem ___19___ Land leben will. Aber das muss ich dir ja nicht erzählen, das kennst du ja jetzt auch alles. Und sicher kannst du viele Probleme jetzt besser verstehen, ___20___ ich hatte, als wir uns kennen- ___21___. Ich wünsche dir, dass du, wie ich auch, am Ende sagen kannst, ___22___ die Entscheidung richtig war. Ich glaube heute, dass meine Eltern das Richtige getan haben, als sie nach Deutschland ___23___. Ich lebe gern hier und fühle mich auch als Deutsche mit ___24___ iranischen Geschichte. Genug davon.

Uns geht es gut. Meine Arbeit ___25___ Büro macht mir Spaß. Die beiden Kinder gehen gern in die Schule und sind (noch) ziemlich ___26___. Rotimi ist der Beste in Deutsch und Selika will unbedingt Klavier spielen lernen. Kim, ich muss Schluss machen, die Kinder kommen gleich von der Schule.

Deine Kira

	a	b	c		a	b	c
1.	dein	deiner	deinen	14.	die	der	das
2.	etwas	wenig	viele	15.	Wann	Wenn	Warum
3.	bin	habe	hat	16.	kleinen	kleines	klein
4.	dass	weil	wenn	17.	die	der	das
5.	neu	neues	neuen	18.	alles	allen	alle
6.	dich	du	dir	19.	fremden	fremd	fremde
7.	einem	ein	einer	20.	das	dem	die
8.	gekommen	kam	komme	21.	lernten	gelernt	lernen
9.	die	der	den	22.	das	denn	dass
10.	sind	haben	hatten	23.	gehen	gingen	gegangen
11.	der	—	die	24.	einer	eine	ein
12.	keine	keins	kein	25.	in das	auf dem	im
13.	konntest	gekonnt	konnt	26.	fleißiger	fleißig	fleißige

81

WÖRTER

2 Perfekt und Präteritum – Schreiben Sie die Sätze in der Vergangenheit.

1. Ich lebe in Berlin. — Perfekt: _Ich habe_ _____
2. Warum kommst du nicht? — Perfekt: _____
3. Suleika kann nicht kommen. — Präteritum: _____
4. Wir müssen die Party vorbereiten. — Präteritum: _____
5. Ich bin in Frankfurt. — Präteritum: _____
6. Karl fliegt nach Mallorca. — Perfekt: _____
7. Wann gehst du nach Hause? — Perfekt: _____
8. Schreibst du mir eine E-Mail? — Perfekt: _____
9. Ich will meine Mutter besuchen. — Präteritum: _____
10. Warum fährst du nicht zu ihr? — Perfekt: _____
11. Wer hilft dir? — Perfekt: _____
12. Ich habe einen guten Lehrer. — Präteritum: _____

3 Lange Sätze – Schreiben Sie die Sätze wie im Beispiel.

1. Ich war im Kino. (meiner Freundin / gestern / zum ersten Mal / neuen / mit)

   Ich war gestern zum ersten Mal mit meiner neuen Freundin im Kino.

2. Wir haben einen Film gesehen. (zusammen / tollen / Sechzigerjahren / aus den)
   _____

3. „Doktor Schiwago" ist ein Film. (sehr / die russische Revolution / interessanter / über)
   _____

4. Morgen will ich eine Wanderung machen. (mit / lange / meinen Freunden / in den Bergen)
   _____

5. Wir fahren nach Garmisch. (um sechs Uhr / mit / morgens / von / dem Auto / einem Freund)
   _____

6. Wir laufen. (vier Stunden / in den Bergen / von dort / zu einer Hütte / einsamen / bis)
   _____

7. Ich muss aufstehen. (jeden Morgen / der Woche / Viertel vor sechs / während / um)
   _____

8. Ich fahre in die Uni. (um 9 Uhr 30 / mit / nicht gern / dem vollen Bus)
   _____

WÖRTER C

4 Im Text sind 15 Fehler – Markieren Sie sie und notieren Sie die richtigen Textpassagen.

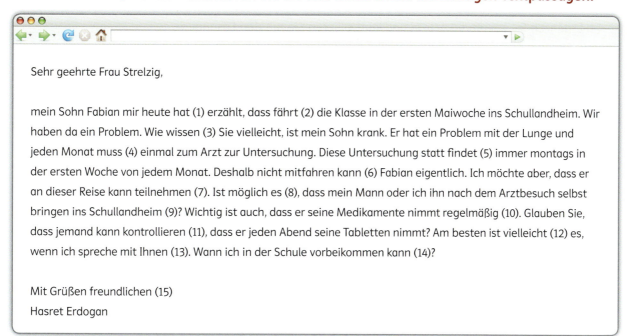

Sehr geehrte Frau Strelzig,

mein Sohn Fabian mir heute hat (1) erzählt, dass fährt (2) die Klasse in der ersten Maiwoche ins Schullandheim. Wir haben da ein Problem. Wie wissen (3) Sie vielleicht, ist mein Sohn krank. Er hat ein Problem mit der Lunge und jeden Monat muss (4) einmal zum Arzt zur Untersuchung. Diese Untersuchung statt findet (5) immer montags in der ersten Woche von jedem Monat. Deshalb nicht mitfahren kann (6) Fabian eigentlich. Ich möchte aber, dass er an dieser Reise kann teilnehmen (7). Ist möglich es (8), dass mein Mann oder ich ihn nach dem Arztbesuch selbst bringen ins Schullandheim (9)? Wichtig ist auch, dass er seine Medikamente nimmt regelmäßig (10). Glauben Sie, dass jemand kann kontrollieren (11), dass er jeden Abend seine Tabletten nimmt? Am besten ist vielleicht (12) es, wenn ich spreche mit Ihnen (13). Wann ich in der Schule vorbeikommen kann (14)?

Mit Grüßen freundlichen (15)
Hasret Erdogan

1. _... hat mir heute erzählt_ _____

5 Welches Modalverb passt? Markieren Sie.

1. Deutsche Staatsbürger *müssen/dürfen* einen Personalausweis haben.

2. Ohne Führerschein *soll/darf* man nicht Auto fahren.

3. Wenn man viel Alkohol getrunken hat, *will/darf* man nicht mehr Auto fahren.

4. Wenn man schlecht sieht, *muss/darf* man ohne Brille nicht Auto fahren.

5. Sie *müssen/dürfen* in der Stadt nicht schneller als 50 km/h fahren.

6. Kinder und Jugendliche unter 18 Jahren *dürfen/können* in der Öffentlichkeit nicht rauchen.

7. Rauchen *kann/will* schlecht für die Gesundheit sein.

8. Alle Bürger in Deutschland *müssen/können* eine Krankenversicherung haben.

9. In der Europäischen Union *können/müssen* europäische Bürger frei reisen.

C WÖRTER

6 Endungen

a Ergänzen Sie zuerst die Artikel und kontrollieren Sie mit den Lösungen.

_____ Vielfalt • _____ Angebot • _____ Lebensbereich • _____ Auswahl •
_____ Messe • _____ Entdeckungsreise • _____ Bedeutung • _____ Speise •
_____ Nahrungsmittel • _____ Gesundheit • _____ Weg

b Ergänzen Sie nun die Endungen.

vitaTREND – Gesund und ökologisch genießen

Groß_____ Vielfalt vom 30. Oktober bis zum 1. November

Zwischen dem 30. Oktober und 1. November lädt die Umwelterlebnismesse vitaTREND zum bereits elfte_____ Mal in die Heidelberger Stadthalle ein. Einmal mehr erwartet die Besucher ein Programm der Superlative. Mehr als 130 Aussteller präsentieren ein breit_____ Angebot an ökologisch_____ Produkten und Dienstleistungen aus alle_____ Lebensbereichen.

Mit ihrer groß_____ Auswahl an Waren und Dienstleistungen, aber auch mit Workshops und Vorträgen aus den Themenbereichen Umwelt, Gesundheit und Zukunft ist die vitaTREND die größt_____ Messe ihrer Art in Süddeutschland. Die vitaTREND verspricht auch in diesem Jahr erlebnisreich_____ Entdeckungsreisen mit interessant_____ Vielfalt! Traditionell sind die Bereiche Ernährung und Gesundheit von zentral_____ Bedeutung im Messeprogramm der vitaTREND. Viele schmackhaft_____ Speisen aus dem Sortiment ökologisch produziert_____ Nahrungsmittel sorgen für kulinarisch_____ Genuss. Im Rahmen des Ausstellungs- und Vortragsprogramms werden auch alternativ_____ Wege zu gut_____ Gesundheit gezeigt.

7 Welche Präposition passt? Markieren Sie.

Sehr geehrte Damen und Herren,

wir freuen uns, dass wir Sie *in/aus* Heidelberg *auf/von* der vitaTREND begrüßen dürfen. Die vitaTREND geht *in/an* diesem Jahr *vom/vor* 30. Oktober *bis/gegen* zum 1. November. Sie ist die größte Messe ihrer Art *in/zu* Süddeutschland. *Ohne/Mit* die Hilfe der Stadt Heidelberg wäre diese Messe nicht möglich und dafür möchte ich mich ganz herzlich *bei/für* der Stadtverwaltung bedanken. Gehen Sie in Ruhe *durch/an* die Ausstellung. Sie werden viel Neues entdecken und hoffentlich auch das eine oder andere kaufen. *Nach/Seit* Ihrem Rundgang haben Sie die Möglichkeit, im Café köstliche Speisen *aus/zu* ökologischer Herstellung zu genießen.

Aus der TREND, die es schon *seit/bis* dem Jahr 1996 gibt, sind 2013 zwei Umweltmessen geworden: die ecoTREND und die vitaTREND. Was damals als „Versuch" *von/hinter* wenigen Engagierten begonnen hat, sind heute kommerziell ernst zu nehmende Veranstaltungen geworden – Veranstaltungen, die *aus/von* der Messelandschaft im süddeutschen Raum nicht mehr wegzudenken sind.

ANHANG D

36 Verben mit Präpositionen — Ihre Sprache

Mit Akkusativ

Verb	Präp.	Beispiel
antworten	auf	Antworte bitte auf meine Frage!
sich ärgern	über	Ich habe mich am Freitag so über Herrn Knoll geärgert.
bezahlen	für	Kannst du für mich bezahlen? Ich habe mein Geld vergessen.
bitten	um	Darf ich Sie um etwas bitten?
diskutieren	über	Ich möchte nicht über Politik diskutieren.
sich entschuldigen	für	Ich möchte mich für meine Verspätung entschuldigen.
sich freuen	auf	Freust du dich schon auf die Sommerferien?
sich freuen	über	Ich habe mich über das Geschenk sehr gefreut.
glauben	an	Du musst an dich glauben, dann schaffst du die Prüfung!
halten	für	Ich halte ihn für ziemlich intelligent.
hören	auf	Er hat nicht auf mich gehört und jetzt ist er krank.
sich interessieren	für	Meine Frau interessiert sich für Politik, aber ich nicht.
informieren	über	Frau Henschke hat uns über die Prüfung informiert.
sich kümmern	um	Nachmittags muss ich mich um die Kinder kümmern.
lachen	über	Über diesen Witz kann ich immer wieder lachen!
sein	für	Ich bin für ein Kursfest im Juni.
sein	gegen	Warum bist du gegen ein Kursfest? Das macht doch Spaß.
sprechen	über	Gerade haben wir über dich gesprochen.
sich unterhalten	über	Wir haben uns den ganzen Abend über Männer unterhalten.
warten	auf	Ich habe eine Stunde auf dich gewartet!
zeigen	auf	Zeig mal auf das Bild, das du meinst.

85

D ANHANG

Mit Dativ

sich bedanken	bei	Hast du dich schon bei Samira bedankt?	_____
sich bewerben	bei	Ich will mich bei der BASF bewerben.	_____
bezahlen	mit	Ich bezahle immer mit EC-Karte.	_____
einladen	zu	Wir wollen euch zu unserer Hochzeit einladen.	_____
sich entschuldigen	bei	Ich möchte mich bei Ihnen entschuldigen.	_____
erzählen	von	Hab ich dir schon von meinem neuen Freund erzählt?	_____
fahren	mit	Ich fahre immer mit der Straßenbahn in die Stadt.	_____
fliegen	mit	Ich fliege nicht gern mit kleinen Flugzeugen.	_____
fragen	nach	Jemand hat heute nach dir gefragt. Hier ist die Telefonnummer.	_____
gratulieren	zu	Wir möchten euch herzlich zu eurer Hochzeit gratulieren.	_____
hören	von	Hast du etwas von Pia gehört? Sie soll jetzt in Wien wohnen.	_____
kommen	aus	Samira kommt aus dem Libanon.	_____
sprechen	von	Kannst du mal von was anderem sprechen als von der Arbeit?	_____
telefonieren	mit	Ich muss morgen mit meinen Eltern im Iran telefonieren.	_____
sich treffen	mit	Ich treffe mich morgen mit meinen Eltern.	_____
umziehen	nach	Nächstes Jahr werde ich nach Frankfurt umziehen.	_____
sich verstehen	mit	Heute verstehe ich mich gut mit meinen Eltern, früher nicht so.	_____
wohnen	bei	Tokul wohnt noch bei seinen Eltern.	_____
zurechtkommen	mit	Ich komme mit meinen Kollegen gut zurecht.	_____
zusammenleben	mit	Ich lebe mit meinem Freund zusammen.	_____

37 Unregelmäßige Verben in A1 und A2 — Ihre Sprache

Die neuen unregelmäßigen Verben aus A2 sind mit * gekennzeichnet.

abfahren	er/sie fährt ab	ist abgefahren	_____
abfliegen	er/sie fliegt ab	ist abgeflogen	_____
abgeben	er/sie gibt ab	hat abgegeben	_____
anbieten	er/sie bietet an	hat angeboten	_____
anfangen	er/sie fängt an	hat angefangen	_____
ankommen	er/sie kommt an	ist angekommen	_____
anrufen	er/sie ruft an	hat angerufen	_____
aufstehen	er/sie steht auf	ist aufgestanden	_____
aussteigen	er/sie steigt aus	ist ausgestiegen	_____
*backen	er/sie backt	hat gebacken	_____
beginnen	er/sie beginnt	hat begonnen	_____
*behalten	er/sie behält	hat behalten	_____
bekommen	er/sie bekommt	hat bekommen	_____
bitten	er/sie bittet	hat gebeten	_____
bleiben	er/sie bleibt	ist geblieben	_____
brauchen	er/sie braucht	hat gebraucht/brauchen	_____
bringen	er/sie bringt	hat gebracht	_____
*dabeihaben	er/sie hat dabei	hat dabeigehabt	_____
denken	er/sie denkt	hat gedacht	_____
*drankommen	er/sie kommt dran	ist drangekommen	_____
dran sein	er/sie ist dran	ist dran gewesen	_____
dürfen	er/sie darf	hat gedurft/dürfen	_____
*einfallen	es fällt (mir etwas) ein	ist … eingefallen	_____
einladen	er/sie lädt ein	hat eingeladen	_____
einsteigen	er/sie steigt ein	ist eingestiegen	_____
empfehlen	er/sie empfiehlt	hat empfohlen	_____
essen	er/sie isst	hat gegessen	_____
fahren	er/sie fährt	ist gefahren	_____
*fallen	er/sie fällt	ist gefallen	_____
finden	er/sie findet	hat gefunden	_____
fliegen	er/sie fliegt	ist geflogen	_____

D ANHANG

geben	er/sie gibt	hat gegeben	_____
gefallen	er/sie gefällt	hat gefallen	_____
gehen	er/sie geht	ist gegangen	_____
haben	er/sie hat	hat gehabt	_____
halten	er/sie hält	hat gehalten	_____
heißen	er/sie heißt	hat geheißen	_____
helfen	er/sie hilft	hat geholfen	_____
kennen	er/sie kennt	hat gekannt	_____
kommen	er/sie kommt	ist gekommen	_____
können	er/sie kann	hat gekonnt/können	_____
* lassen	er/sie lässt	hat gelassen	_____
laufen	er/sie läuft	ist gelaufen	_____
* leihen	er/sie leiht	hat geliehen	_____
liegen	er/sie liegt	hat gelegen	_____
* lügen	er/sie lügt	hat gelogen	_____
mitbringen	er/sie bringt mit	hat mitgebracht	_____
mitkommen	er/sie kommt mit	ist mitgekommen	_____
mitnehmen	er/sie nimmt mit	hat mitgenommen	_____
* mitsprechen	er/sie spricht mit	hat mitgesprochen	_____
möcht-	er/sie möchte	hat gemocht	_____
mögen	er/sie mag	hat gemocht	_____
müssen	er/sie muss	hat gemusst/müssen	_____
nehmen	er/sie nimmt	hat genommen	_____
riechen	er/sie riecht	hat gerochen	_____
schlafen	er/sie schläft	hat geschlafen	_____
* schneiden	er/sie schneidet	hat geschnitten	_____
schreiben	er/sie schreibt	hat geschrieben	_____
sehen	er/sie sieht	hat gesehen	_____
sein	er/sie ist	ist gewesen	_____
* singen	er/sie singt	hat gesungen	_____
sitzen	er/sie sitzt	hat gesessen	_____
sollen	er/sie soll	hat gesollt/sollen	_____
sprechen	er/sie spricht	hat gesprochen	_____

ANHANG D

stehen	er/sie steht	hat gestanden	_____
*stehen bleiben	er/sie bleibt stehen	ist stehen geblieben	_____
*tragen	er/sie trägt	hat getragen	_____
treffen (sich)	er/sie trifft	hat getroffen	_____
trinken	er/sie trinkt	hat getrunken	_____
übertragen	er/sie überträgt	hat übertragen	_____
überweisen	er/sie überweist	hat überwiesen	_____
*umsteigen	er/sie steigt um	ist umgestiegen	_____
umziehen	er/sie zieht um	ist umgezogen	_____
*sich umziehen	er/sie zieht sich um	hat sich umgezogen	_____
*unterhalten	er/sie unterhält	hat unterhalten	_____
*unternehmen	er/sie unternimmt	hat unternommen	_____
unterschreiben	er/sie unterschreibt	hat unterschrieben	_____
*vergessen	er/sie vergisst	hat vergessen	_____
*vergleichen	er/sie vergleicht	hat verglichen	_____
*verschieben	er/sie verschiebt	hat verschoben	_____
*versprechen	er/sie verspricht	hat versprochen	_____
verstehen	er/sie versteht	hat verstanden	_____
vorlesen	er/sie liest vor	hat vorgelesen	_____
waschen (sich)	er/sie wäscht	hat gewaschen	_____
*weggehen	er/sie geht weg	ist weggegangen	_____
*wegwerfen	er/sie wirft weg	hat weggeworfen	_____
*wehtun	er/sie tut weh	hat wehgetan	_____
werden	er/sie wird	ist geworden	_____
wiedersehen	er/sie sieht wieder	hat wiedergesehen	_____
wissen	er/sie weiß	hat gewusst	_____
wollen	er/sie will	hat gewollt/wollen	_____
*zurechtkommen	er/sie kommt zurecht	ist zurechtgekommen	_____

D ANHANG

38 Lösungen

A Selbsttest A1

1 Fragen und Antworten
1. ○ Ich heiße … 2. ● Wohnen Sie in Iphofen? ○ Nein, ich wohne nicht in Iphofen. Ich wohne in … 3. ● Sprechen Sie nicht Deutsch? ○ Doch, ich spreche Deutsch. 4. ● Um wie viel Uhr fängt der Kurs an? ○ Um 17 Uhr. 5. ● Wann kommst du nach Hause? ○ Ich weiß nicht.

2 Imperativsätze
2. Hilf mir bitte beim Kochen. 3. Ruft mich bitte morgen an. 4. Kommen Sie bitte morgen zu mir.

3 Satzklammer bei Modalverben und trennbaren Verben
1. ● muss – fahren ● Kommst – mit 2. ○ Kannst – fahren 3. ● will – treffen 4. ○ möchte – sehen, kann – mitfahren

4 Satzklammer beim Perfekt
1. ● Ich bin erst um acht Uhr nach Hause gekommen. ○ Hast du so lange gearbeitet? 2. ● Ich habe eine E-Mail an die Firma Benz & Söhne geschrieben. ○ Haben Sie ihnen auch eine Wegbeschreibung geschickt? 3. ● Am Sonntag habe ich meine Eltern besucht. ○ Hast du dort auch deine Schwester getroffen?

5 Verneinung mit *nicht* oder *kein/keine*
2. Er hat keinen Brief bekommen. 3. Ich kann heute nicht einkaufen gehen. 4. Ich habe nicht genug Geld dabei.

6 Satzverbindungen mit *und, oder, aber, denn*
1. Ich spiele gern Fußball, aber ich habe nicht oft Zeit. 2. Felix geht immer um zehn ins Bett, denn er muss jeden Tag um fünf Uhr aufstehen. 3. Ich koche (gern) und ich esse gern. 4. Kommst du morgen oder (kommst du) am Wochenende?

7 Lauras Brief
1b – 2a – 3c – 4a – 5b – 6b – 7b – 8a – 9c – 10b – 11c – 12c – 13a – 14b – 15b

8 1b – 2a – 3a – 4c – 5c – 6a – 7b – 8c – 9c – 10a – 11b – 12c – 13a – 14b – 15c

9 Partizip II
ist geblieben – hat gegessen – ist gefahren – hat gefragt – hat geglaubt – hat gelernt – hat gelesen – hat gemacht – ist passiert – hat getrunken – hat verstanden

10 Pluralformen
Häuser – Betten – Gärten – Kartoffeln – Arbeitsplätze – Berufe – Jobs – Hobbys – Gläser – Flaschen – Studenten – Lehrerinnen – Adressen – Straßenbahnen

11 Nomen und Artikel: Kasus
1. ● deine, dem, am, die 2. ● meinem ○ meine 3. ● der, am ○ die 4. ● den ○ zur 5. ● meine ○ eine, der, beim

B Sätze

1 Satzarten: Aussagesätze, W-Fragen, Ja/Nein-Fragen, Imperativsätze

1 1. Wann kommen Sie (morgen) in Frankfurt an? 2. Bleiben Sie bis Mittwoch? 3. Wo übernachten Sie? 4. Wie fahren Sie nach Karlsruhe? 5. Wie lange bleiben Sie in Karlsruhe? 6. Wohin fahren Sie danach?

2 Aussagesätze
1.a) Morgen fahre ich mit der Bahn nach Dortmund. b) Ich fahre morgen mit der Bahn nach Dortmund. 2.a) Ich fahre oft mit der Bahn, denn Autofahren ist teuer. b) Oft fahre ich mit der Bahn, denn Autofahren ist teuer. 3.a) Ich mache in meiner Freizeit oft Sport. b) In meiner Freizeit mache ich oft Sport.

3 Imperativsätze
1. Helfen Sie mir bitte. 2. Mach bitte das Fenster zu. 3. Kommt bitte morgen zum Chef. 4. Übersetz mir bitte diesen Satz.

2 Hauptsatz und Nebensatz: *dass, weil, wenn*

1 2. Ich glaube, dass das Licht im Keller noch an <u>ist</u>. 3. Hast du den Nachbarn gesagt, dass wir eine Woche weg <u>sind</u>? 4. Ich muss ihnen noch sagen, dass sie am Mittwoch die Mülltonne <u>rausstellen sollen</u>. 5. Bist du sicher, dass alle Fenster zu <u>sind</u>? 6. Ich habe doch gesagt, dass ich alle Fenster <u>zugemacht habe</u>. 7. Wissen die Nachbarn, dass sie die Post aus dem Briefkasten <u>holen sollen</u>? 8. Ich habe ihnen auch gesagt, dass sie die Zeitung <u>lesen können</u>.

2 2. Sie will umziehen, weil ihre alte Wohnung zu klein ist. 3. Sie braucht ein Arbeitszimmer, weil sie zu Hause arbeiten will. 4. Weil sie ein kleines Kind hat, muss sie zu Hause arbeiten. 5. Petra findet, dass sie wieder eine Arbeit braucht. 6. Sie kann für eine Versicherung arbeiten, wenn sie einen Arbeitsplatz zu Hause hat.

3 1. Georg möchte wieder arbeiten, weil er sonst seine Berufserfahrung verliert. 2. Er hofft, dass er bald eine gute Stelle findet. 3. Zu Hause arbeiten ist nicht einfach, weil man oft nicht genug Ruhe hat. 4. Man muss seinen Alltag sehr gut organisieren, wenn (weil) man ohne Stress arbeiten will. 5. Viele Menschen arbeiten gern zu Hause, weil (wenn) sie sich die Arbeitszeit frei einteilen können. 6. Andere finden es nicht gut, dass (weil) man keinen Kontakt mit Kollegen hat.

4 2. ist – Ich schwimme nur im Hallenbad, weil mir das Wasser im Freibad zu kalt ist. 3. reist – Else macht einen Spanischkurs, weil sie im Sommer nach Chile reist. 4. wirst – Du musst mehr Sport machen, weil du sonst krank wirst. 5. lese – Ich bin Mitglied der Stadtbücherei, weil ich viel lese. 6. hat – Mein Bruder geht monatlich einmal ins Theater, weil er ein Theaterabo hat. 7. macht – Ich bin im Sportverein, weil Sport mit anderen zusammen mehr Spaß macht. 8. macht – Jana geht immer ins Fitnesscenter, weil sie am liebsten allein Sport macht.

5 2. weil 3. weil (wenn) 4. wenn (weil) 5. wenn (weil) 6. Weil 7. wenn 8. weil (wenn) 9. Wenn 10. weil

6 1. …, wenn ich in die Stadt muss. 2. …, weil Fahrradfahren bei Schnee gefährlich ist. 3. Wenn (Weil) Benzin teuer ist, … 4. …, weil dann die Leute mehr mit der Straßenbahn fahren. 5. …, wenn er 18 ist. 6. …, weil (wenn) er zur Arbeit fahren muss. 7. Wenn ich meine Eltern besuche, … 8. …, weil ich damit die Fahrscheine 50% billiger bekomme.

3 Temporale Nebensätze mit *als, bis, bevor*

1 Biografie
1c (d, e) – 2d (e) – 3a – 4e (c, f) – 5f (d, e) – 6b (a)

Haushalt
7c – 8h – 9d – 10g – 11f – 12a – 13b – 14e

ANHANG D

4 Relativsätze im Nominativ und Akkusativ

1   3. Dr. Rausch, der 4. E-Mail, die 5. Computer, den
    6. Computer, der 7. Konferenz, die 8. Bericht, den

2   2. Ich möchte den MP3-Player, den ich gestern bei Ihnen gekauft habe, umtauschen. 3. Haben Sie noch die Espresso-Maschine, die gestern im Angebot war? 4. Ich möchte mit Frau Spiel, die mich gestern angerufen hat, sprechen.
    5. Das Fahrrad, das im Angebot war, ist schon verkauft.
    6. Die Sonderangebote, die ich in der Zeitung gelesen habe, gelten eine Woche. 7. Wo finde ich eine Verkäuferin, die mich informieren kann? 8. Die Verkäuferin, die Sie suchen, hat gerade Mittagspause. 9. Ich schicke Ihnen Herrn Rohr, der alle Informationen hat. 10. Haben Sie einen Kassenzettel für die Jacke, die Sie zurückgeben möchten? 11. Der Kollege, der Sie gestern beraten hat, hat einen Tag frei.
    12. Das Angebot, das Sie suchen, gibt es erst ab morgen.

5 Indirekte W-Fragen: *wie, wo, wann* ...

1   2. wie – kann 3. wo – ist 4. wann – muss 5. wer – ist
    6. warum – habe 7. woher – hat 8. wie viel (wie lange wir für diese Arbeit noch Zeit) – haben 9. wie oft – fährt
    10. um wie viel – zurückkommt

2   1. ..., woher Frau Schalliol kommt? 2. ..., wer morgen arbeitet? 3. ..., wann unsere Besprechung ist? 4. ..., um wie viel Uhr Tim kommt? 5. ..., wohin Amir gegangen ist? 6. ..., was „GAU" bedeutet? 7. ..., wie viele Gäste kommen? 8. ..., warum der Chef nicht da ist? 9. ..., wie das funktioniert?
    10. ..., wann der Zug nach Trier fährt?

6 Satzverbindungen: *deshalb*

1   2.a) Ich möchte morgen freinehmen, deshalb *arbeite ich* heute bis 20 Uhr. b) Ich arbeite heute bis 20 Uhr, denn *ich möchte* morgen *freinehmen*. 3a) Rafik will Elektriker werden, deshalb *sucht er* einen Ausbildungsplatz. b) Rafik sucht einen Ausbildungsplatz, denn *er will* Elektriker *werden*. 4a) Siri interessiert sich für Mode, deshalb *sucht sie* eine Stelle bei einer Schneiderin. b) Siri sucht eine Stelle bei einer Schneiderin, denn *sie interessiert sich* für Mode.
    5a) Ronja mag Kinder, deshalb *macht sie* ein Praktikum im Kindergarten. b) Ronja macht ein Praktikum im Kindergarten, denn *sie mag* Kinder. 6a) Ich kann nicht lange stehen, deshalb *suche ich* einen Job im Büro. b) Ich suche einen Job im Büro, denn *ich kann* nicht lange *stehen*.

7 Zusammenfassung: Haupt- und Nebensätze

1   1g – 2d – 3b – 4a – 5c – 6f – 7e

2   1. den 2. die 3. deshalb 4. weil 5. wenn 6. das 7. wenn
    8. wie oft 9. denn 10. den 11. wann 12. wo

3   1. ..., weil ich kein Auto habe. 2. Herr Wolf ist nächste Woche nicht im Haus, denn er macht eine Fortbildung. 3. Wenn Sie Urlaub machen möchten, dann müssen Sie das vorher sagen. 4. Meine Tochter kommt in die Schule, deshalb möchte ich einen Tag freihaben. 5. Können Sie bitte heute in mein Büro kommen, wenn Sie nach Hause gehen? 6. Wir müssen heute arbeiten, weil der Auftrag noch nicht fertig ist. 7. Wissen Sie, warum Frau Berger nicht da ist? 8. Können Sie morgen länger bleiben, weil wir das Projekt fertigmachen müssen? 9. Wissen Sie, um wie viel Uhr wir unsere Arbeitsbesprechung haben? 10. Der Chef fragt, wann wir die Lieferung an „MediaSprint" verschickt haben. 11. Habe ich Ihnen schon gesagt, dass Sie ab Januar 100 Euro mehr verdienen? 12. Weißt du, wohin unser Betriebsausflug im Mai geht?

4   (und) – well – Deshalb – dass – die – denn – wann – das – dass – aber – Wenn – dass – Wenn – wenn

8 Die Satzklammer bei trennbaren Verben, Modalverben und im Perfekt

1   2b – 3k – 4c – 5g – 6d – 7n – 8j – 9a – 10m – 11l – 12o – 13f – 14i – 15h

2   2. Hast du dir ein neues Auto gekauft? 3. Kannst du mich morgen zum Bahnhof bringen? 4. Mein Zug kommt um 23.23 in Bautzen an. 5. Rainer holt dich am Flughafen ab.
    6. Ich parke nicht gern ein. 7. Fahren Sie bitte Ihr Auto von der Ausfahrt weg. 8. Ich habe die Straßenbahn verpasst.
    9. Bieg da vorne rechts ab. 10. An der nächsten Haltestelle müssen Sie aussteigen.

9 Das Passiv

1   2. P – werden ... gebaut 3. A – bauen 4. P – wird ... repariert
    5. A – will ... reparieren 6. P – wird ... tapeziert, gestrichen
    7. A – will ... werden 8. P – werden ... gemacht

2   1. Er wird gerade gemacht. 2. Die Suppe wird gleich gebracht. 3. Es wird gerade repariert.

3   2. werden ... gehackt 4. werden ... gegeben, gemischt
    6. werden ... dazugegeben

4   Zuerst habe ich die Zwiebel geschält und in sehr kleine Würfel geschnitten. Dann habe ich die Knoblauchzehen klein gehackt. Ich habe die Zwiebeln, den Knoblauch und das Rinderhackfleisch unter Rühren braun angebraten. Danach habe ich die Tomaten und den Saft in einen Mixer gegeben und gemischt. Ich habe Wasser, Brühwürfel, Tomaten und den Pfeffer zum Rindfleisch gegeben, alles kurz aufkochen lassen und dann 20 Minuten leicht gekocht. Schließlich habe ich die Nudeln und das Gemüse dazugegeben und das Ganze noch 15 Minuten leicht weitergekocht.

5   1. Alle Zimmer werden neu tapeziert. 2. Alle Fenster werden gestrichen. 3. Eine neue Küche wird eingebaut. 4. Neue Steckdosen werden gelegt. 5. Überall wird ein Telefon installiert. 6. Im Wohnzimmer wird ein neuer Teppichboden verlegt.

10 Vergleiche mit *genauso ... wie, nicht so ... wie, ... als*

1   2. Radio hören ist nicht so beliebt wie fernsehen. 3. Radio hören ist spannender als Zeitung lesen. 4. Fernsehen ist genauso schön wie ins Kino gehen. 5. Fernsehen ist nicht so schön wie lesen. 6. Fernsehen ist schöner als arbeiten.
    7. Ein Computer kostet genauso viel wie ein Laptop. 8. Ein Computer kostet nicht so viel wie ein Auto. 9. Ein Computer kostet mehr als ein Handy.

2   2. Der Anzug ist genauso teuer wie die Hose. 3. Die Schuhe sind billiger als die Stiefel. 4. Das Hemd ist schöner als das T-Shirt. 5. Das T-Shirt ist genauso weit wie die Bluse.
    6. Die Jacke kostet mehr als der Mantel. 7. Der Bikini kostet genauso viel wie der Badeanzug. 8. Tom trägt Hemden genauso gern wie T-Shirts. 9. Pullover sind wärmer als Hemden. 10. Frau Beime trägt lieber Kleider als Hosen.
    11. Die Schuhe gefallen mir besser als die Stiefel.
    12. Der Rock ist modischer als die Hose.

D ANHANG

11 Satzbaupläne

1a 2. Unsere neue Wohnung hat leider keinen Balkon. 3. Mittags kann man nicht draußen sitzen. 4. Vielleicht können wir im Sommer den Garten benutzen. 5. In unserer Freizeit gehen wir gern mit dem Hund spazieren. 6. Frau Weber war 30 Jahre Verkäuferin in einem Kaufhaus. 7. Sie geht noch heute oft dort einkaufen. 8. Dann trifft sie manchmal ihre alten Kolleginnen. 9. Sie geht meistens in der Pause dorthin. 10. Sabine war gestern mit ihrer Freundin in der Stadt. 11. Sie sind zuerst zu „Schuh-Kraus" gegangen. 12. Sie haben dort mindestens 20 Paar Schuhe anprobiert. 13. Die Schuhe waren leider viel zu teuer für Sabine. 14. Stefan bekommt im Herbst einen Studienplatz. 15. Er muss sofort ein Zimmer im Studentenwohnheim beantragen.

1b 10. Gestern war Sabine mit ihrer Freundin in der Stadt. 11. Zuerst sind sie zu „Schuh-Kraus" gegangen. 12. Dort haben sie mindestens 20 Paar Schuhe anprobiert. 13. Leider waren die Schuhe viel zu teuer für Sabine. 14. Im Herbst bekommt Stefan einen Studienplatz. 15. Sofort muss er ein Zimmer im Studentenwohnheim beantragen.

C Wörter

13 Verben: Präsens, Partizip II, Perfekt, Präteritum von *sein* und *haben*

1a Einladung
bringen – sie bringt – hat gebracht; einladen – sie lädt ein – hat eingeladen; trinken – sie trinkt – hat getrunken; abgeben – sie gibt ab – hat abgegeben; lachen – sie lacht – hat gelacht; sich vorstellen – sie stellt sich vor – hat sich vorgestellt

Küche
schneiden – er schneidet – hat geschnitten; waschen – er wäscht – hat gewaschen; essen – er isst – hat gegessen; beginnen – er beginnt – hat begonnen; kochen – er kocht – hat gekocht; schmecken – es schmeckt – hat geschmeckt

Kurs/Lernen
helfen – sie hilft – hat geholfen; wissen – sie weiß – hat gewusst; bestehen – sie besteht – hat bestanden; studieren – sie studiert – hat studiert; erklären – sie erklärt – hat erklärt; ausfüllen – sie füllt aus – hat ausgefüllt; antworten – sie antwortet – hat geantwortet; sprechen – sie spricht – hat gesprochen; singen – sie singt – hat gesungen; denken – sie denkt – hat gedacht; schreiben – sie schreibt – hat geschrieben; verstehen – sie versteht – hat verstanden; mitmachen – sie macht mit – hat mitgemacht

Freizeit
treffen – er trifft – hat getroffen; anfangen – er fängt an – hat angefangen; gewinnen – er gewinnt – hat gewonnen; spazieren gehen – er geht spazieren – ist spazieren gegangen; fernsehen – er sieht fern – hat ferngesehen; spielen – er spielt – hat gespielt

Bewegung
umsteigen – sie steigt um – ist umgestiegen; einsteigen – sie steigt ein – ist eingestiegen; nehmen – sie nimmt – hat genommen; gehen – sie geht – ist gegangen; laufen – sie läuft – ist gelaufen; ankommen – sie kommt an – ist angekommen; fahren – sie fährt – ist gefahren

1b hat gegessen – ist gefahren – hat gefragt – hat geglaubt – hat gehabt – ist/hat geschwommen – hat gemacht – hat geschlafen – hat gesehen – ist gegangen – hat verstanden – ist passiert

2 ● warst ○ hatte, war ● war, hatte ○ hatte, war

14 Vergangenheit: Perfekt

1 2. Haben Sie die Rechnung ausgedruckt? 3. Haben Sie den Computer ausgeschaltet? 4. Haben Sie den Brief an die Firma Seibert geschrieben? 5. Haben Sie die Briefe zur Post gebracht? 6. Haben Sie einen Termin mit Herrn Klausing gemacht? 7. Haben Sie mit dem Chef die Termine besprochen? 8. Sind Sie um 10 Uhr zu der Besprechung gegangen? 9. Haben Sie heute in der Kantine gegessen? 10. Haben Sie gestern um 16 Uhr 30 Feierabend gemacht?

2 2. Ich habe dich angerufen, aber nicht erreicht. 3. Hast du mich auf dem Handy angerufen? 4. Ja, das habe ich versucht. Es hat nicht funktioniert. 5. Wie blöd, ich habe meinen Akku nicht aufgeladen. 6. Also, Mona hat heute Nachmittag angerufen. Sie hat die Einladung auf 8 Uhr verschoben.

3 2. Ich bin schon zu Dr. Rot in die Sprechstunde gegangen. 3. Ich habe mich schon immatrikuliert. 4. Ich bin schon ins Studentenwohnheim gezogen. 5. Ich habe schon das Semesterticket gekauft. 6. Das Seminar hat schon angefangen. 7. Ich habe schon meine Arbeitsgruppe getroffen. 8. Ich habe mir die Unterlagen schon besorgt.

4 abfahren, bleiben, gehen, aufstehen, weggehen, kommen, laufen, fahren, einziehen, fallen, aussteigen, wandern, reisen, mitkommen, sterben, passieren

5 ○ bin, Hat ● habe, hast, habe, hat ○ habe, habe ● Bist, hast ○ habe, habe ● hast, habe ○ habe, habt ● hast, habe ○ hat ● hat ● hast

6 1. ○ geschnitten 2. ● gibst ○ finde, hat, mitgenommen 3. ● Habt, eingeladen ○ hat, bestanden 4. ● hat, mitgebracht ○ hat, abgegeben 5. ○ habe, umgezogen 6. ● läuft ○ singen ● hast, gesungen 7. ● hast, vergessen ○ kennengelernt haben

15 Vergangenheit: Präteritum

1 1. ● waren, Hattet ○ waren, hatten 2. ● warst ○ war 3. ● hattest, war ○ hattest 4. ● warst ○ war, hatte

2 1. waren 2. hatte, wollte 3. war, wollte 4. konnte 5. wollten, gab 6. sprach, sagte 7. kamen, hatten 8. wollte, durften, war 9. sagte

3 fuhr – fahren; kam – kommen; starb – sterben; brachte – bringen; hatten – haben; gab an – angeben; entstand – entstehen; veranstaltete – veranstalten; nahmen teil – teilnehmen; gab – geben; konnten – können; sorgte – sorgen; spendeten – spenden; brieten – braten; flossen – fließen; wurde – werden; zählten – zählen

16 Modalverben: Bedeutung

1 1f (g) – 2a – 3c – 4e (g) – 5d (b, f) – 6g (b, f) – 7b (d, f)

2 ● können ○ müssen, müssen ● kann ○ können ● Muss

3 1. ● Sollen ○ können 2. kannst 3. ○ Möchten ● kann 4. ○ darf, Möchten ● muss 5. Können 6. ● möchte, Kannst 7. ● muss ○ dürfen

ANHANG D

17 Konjunktiv II: haben, können und würde-Form

1   2. Könnten Sie / Würden Sie bitte die Zeitungen sammeln? 3. Könnten Sie / Würden Sie bitte die Post aus dem Briefkasten nehmen? 4. Könnten Sie / Würden Sie bitte die Pakete von der Post abholen? 5. Könnten Sie / Würden Sie bitte die Mülltonne an die Straße stellen? 6. Könnten Sie / Würden Sie bitte die Katzen füttern?

8. Könntest du mir/uns sagen, wie spät es ist? 9. Könnte/Dürfte ich Ihr Telefon benutzen? 10. Könntest du / Würdest du mir/uns das Rezept geben? 11. Könntest du / Würdest du das Gemüse schneiden?

2   2. Du könntest/solltest die Stellenangebote studieren. Warum studierst du nicht die Stellenangebote? Hast du schon mal die Stellenangebote studiert? 3. Du könntest/solltest einen Termin beim Arbeitsamt machen. Warum machst du nicht einen Termin beim Arbeitsamt? Hast du schon mal einen Termin beim Arbeitsamt gemacht? 4. Du könntest/solltest eine Bewerbungsmappe zusammenstellen. Warum stellst du nicht eine Bewerbungsmappe zusammen? Hast du schon mal eine Bewerbungsmappe zusammengestellt? 5. Du könntest/solltest eine Weiterbildung machen. Warum machst du nicht eine Weiterbildung? Hast du schon mal eine Weiterbildung gemacht? 6. Du könntest/solltest interessante Firmen anschreiben. Warum schreibst du nicht interessante Firmen an? Hast du schon mal interessante Firmen angeschrieben? 7. Du könntest/solltest im Internet recherchieren. Warum recherchierst du nicht im Internet? Hast du schon mal im Internet recherchiert? 8. Du könntest/solltest soziale Netzwerke aktivieren. Warum aktivierst du nicht soziale Netzwerke? Hast du schon einmal soziale Netzwerke aktiviert?

3   2. Ich hätte gern mehr Zeit, dann würde ich öfter ins Kino gehen. 3. Ich hätte gern viel Geld, dann würde ich dreimal im Jahr Urlaub machen. 4. Ich würde gern den Beruf wechseln, dann würde ich mehr Geld verdienen. 5. Ich würde gern ein Studium machen, dann würde ich einen besseren Job bekommen. 6. Ich hätte gern Talent, dann würde ich Schauspieler werden. 7. Ich würde gern Chinesisch können, dann würde ich in China arbeiten.

18 Imperativ

1   2. Setz (Setzt) eine Mütze auf. 3. Mach (Macht) gleich die Hausaufgaben. 4. Putz (Putzt) nach dem Frühstück die Zähne. 5. Iss (Esst) viel Gemüse. 6. Sieh (Seht) nicht so viel fern. 7. Wasch (Wascht) vor dem Essen die Hände.

8. Fahrt/Fahr nachts nicht alleine mit dem Bus. 9. Nehmt/Nimm nicht den letzten Bus. 10. Ruft/Ruf an, wenn es spät wird. 11. Kommt/Komm nicht zu spät nach Hause. 12. Steht/Steh morgens nicht zu spät auf. 13. Hört/Hör nicht so laut Musik. 14. Mach/Macht regelmäßig Sport.

3   2. Schreiben Sie den Satz bitte an die Tafel. 3. Erklären Sie bitte die Regel noch einmal. 4. Machen Sie bitte das Fenster auf. 5. Geben Sie bitte heute keine Hausaufgaben auf. 6. Kommen Sie bitte zur Kursparty mit.

4   kauft – ein; denk; räumt – auf; stellt – an; bereite – vor; mach; ruft – an;

19 Zusammenfassung: Verbformen

1   1a – 2b – 3a – 4b – 5a – 6b – 7b – 8a – 9b – 10a – 11b – 12a – 13b – 14b – 15a – 16b – 17a – 18b – 19b – 20a – 21b – 22b – 23b – 24b – 25b – 26a – 27b

2   1. möchte 2. habe 3. hatte 4. habe 5. muss 6. will 7. bringt 8. Könntet 9. freue 10. haben 11. gehört 12. willst 13. Hast 14. Sollen 15. willst 16. kannst 17. können 18. Würdest 19. kann 20. brauchen 21. Könntet 22. wollte 23. hatten 24. konnte 25. musste 26. könnt 27. habe 28. ausgepackt 29. Kommt

20 Nomen und Artikel: Nominativ, Akkusativ und Dativ

1   1. die/eine Tür, den/einen Keller 2. die/eine Wohnung, das/ein Zimmer, die/eine Küche 3. den/einen Schreibtisch, das/ein Büro, die/eine Tasche 4. die/eine Adresse, das/ein Telefongespräch, den/einen Termin 5. das/ein Bad, den/einen Flur, die/- Fenster 6. das/ein Fenster, die/eine Flasche, den/einen Kühlschrank

2   Vor einer Prüfung
1. den, die 2. die 3. den, ein 4. die 5. das/die 6. die

3   Reisevorbereitungen
1. Im März machen wir eine Reise nach Thailand. 2. In Moskau müssen wir das Flugzeug verlassen. 3. Wir reservieren morgen die Plätze. 4. Wir schreiben die wichtigen Telefonnummern für unsere Eltern auf. 5. Unsere Nachbarin gießt die Blumen. 6. Sie kontrolliert den Briefkasten. 7. Vielleicht verlängern wir den Urlaub.

4   Dativ
2. Meinem 3. der 4. den 5. seinem 6. den 7. dem 8. der

5   Gespräche im Restaurant
2. dem 3. einer 4. dem 5. seinem 6. dem 7. der

Geburtstagsparty
8. deinen 9. der 10. ihrer 11. dem 12. den 13. meiner

Gespräche zu Hause
14. deiner 15. meinem 16. dem (am) 17. meinem 18. den 19. dem 20. der 21. deinem 22. der 23. meinem 24. deinem 25. deiner 26. der 27. Der 28. dem 29. dem

21 Nomen und Artikelwörter: der, dies..., (was für) ein, kein, mein, welch..., alle

1   Reklamation
● diese, der ○ den ● einen ○ einen, der, den, den, die, das ● einen ○ der, einer, dieser, ein

2   2. Ich brauche für mein Büro einen Schreibtisch. Haben Sie den Schreibtisch im Angebot? 3. Ich suche einen Teppich. Könnten Sie mir den Teppich nach Hause bringen? 4. Die Zeitung lese ich immer am Wochenende. Gibt es eine interessante Wohnungsanzeige? 5. Ein gutes Fernsehprogramm ist selten. Welches Fernsehprogramm sehen Sie am liebsten? 6. Habt ihr schon eine Fahrkarte gekauft? Wenn Sie die Fahrkarte früh kaufen, ist sie billiger. 7. Hast du auch die Einladung verschickt oder gibt es in diesem Jahr keine Einladung? 8. Nachts fährt auch ein Bus. Ich fahre am Wochenende immer mit dem Nachtbus.

3   welch-
1. Welche 2. Welche 3. Welches 4. welchem 5. Welcher 6. Welches 7. Welcher 8. welchem 9. Welche 10. welchem

D ANHANG

4 dies-
1. diesen 2. diese, dieses 3. diesem 4. dieses 5. diese 6. diese

5 Nach dem Urlaub
● einer, den, kein, kein; ○ keine, kein, Das, einer, der ● keinen ○ einem

6 Anprobe im Kaufhaus
● Welche ● Welche ○ Welcher ● Was für einen

7 Dialog 1: ○ Welche ● diese ○ Diese, diese ○ Diese ● Diese
Dialog 2: ○ diese ● diesem ○ welchem ● dieses ○ diesem, dieser

8 Wünsche/Glückwünsche
zum, zum, eurer, eurem, zur, zum, deiner, deinem

Alles Gute!
einen, einen, eine, eine, eine, einem, eine

9 Possesivartikel: *mein-, dein-, sein-*
Dialog 1: ● meine ○ deinem ● meinen ○ deinem ● unsere
Dialog 2: ● unsere ○ deinem ● deinem
Dialog 3: ● seinen, deiner ○ seine
Dialog 4: ● Ihre, Ihr ● Ihrem ○ meine

10 Mit bestimmtem oder unbestimmtem oder ohne Artikel?
1. –, ein; 2. –, dem; 3. Die, –; 4. –, ein; 5. –, den; 6. –, eine; 7. –, –, der; 8. eine, –, –

22 Pronomen: *der/das/die ..., dies..., ein..., kein..., mein..., welch...*

1. 1. ● Der, dem; ○ der, Die, denen
   2. ● Die; ○ Der, dem, Der; ● Die, Der, die

2 Beim Kochen
1. ○ keine, welche; 2. ● keins, ○ eins; 3. ○ keine, keine ● welche; 4. ○ keine, welche

3 1. ○ welche, 2. ○ diese, 3. ○ Dieses, ● welches, 4, ● Welche ○ Diese

4 2. seine, 3. eure, 4. unseren, 5. Ihrem, 6. ● deins, ○ meins, 7. Ihres, 8. Ihre

23 Indefinita

1 Alltag und Haushalt
2. Man 3. jemand 4. Niemand 5. jemand 6. man 7. man 8. jemand 9. jemand 10. niemand

2 Kartenspiel
1. jede 2. Alle, Jeder 3. allen 4. jeder, jede 5. jeder, jeden 6. alle

Buchhandlung
○ jeder ● alle ○ jeder, jeden, jedem ● alle ○ jeden, allen

Statistik
1i – 2h – 3b – 4a – 5d – 6g – 7c – 8f – 9e

3 Reise
2. alles 3. etwas 4. etwas 5. nichts 6. alles 7. etwas

4 Essgewohnheiten
2. wenig 3. etwas 4. mehr 5. viele 6. viel, etwas 7. etwas 8. wenig

24 Personalpronomen: Nominativ, Akkusativ, Dativ

1 Reisevorbereitungen
1. ihn 2. er 3. ihn 4. Es 5. sie 6. sie 7. sie 8. ihn

2 Verabredung
2. ich 3. sie 4. euch 5. ihr 6. uns 7. wir, Ich 8. wir

Bitten
9. ● uns ○ euch ● Wir 10. ● ihn ○ ich 11. ● Sie ○ es; 12. ● mich ○ dich, ich 13. ● euch ○ wir

Prüfung
14. ihn 15. du 16. sie 17. ihr 18. sie 19. es 20. sie 21. du, du 22. ihn

3 2. a) Sie leihen ihm ihren Laptop. b) Sie leihen ihn ihrem Vater. 3. a) Er bringt ihr einen Kaffee. b) Er bringt ihn seiner Chefin.
4. a) Sie hat ihnen einen Brief geschrieben. b) Sie hat ihn den Vermietern geschrieben. 5. a) Sie zeigen ihnen die Urlaubsfotos. b) Sie zeigen sie ihren Freunden. 6 a) Er schenkt ihr zum Valentinstag Blumen. b) Er schenkt sie seiner Frau.

4 2. es ihr gegeben. 3. es ihnen angeboten. 4. sie ihr gebracht. 5. sie ihm gebrannt. 6. sie ihr bestellt. 7. sie ihm geschrieben. 8. es ihm geliehen.

25 Fragewörter

1 2. Wo 3. Bis wann / Wie lange 4. Wie viele 5. Wann 6. Wer 7. Wie 8. Was 9. Welche 10. Wie lange 11. Warum 12. Wem 13. Wen 14. Wann/ Um wie viel Uhr 15. Wie oft 16. Von wem

26 Reflexivpronomen: *mich, dich, sich ...*

1 2. dich, uns 3. uns 4. sich 5. euch, uns 6. sich 7. uns 8. mich, uns 9. uns 10. sich, uns 12. mich, mich

2 2. Anna zieht sich morgens immer allein an. 3. Wir ärgern uns über die Nachbarn. 4. Erinnerst du dich an deinen Lehrer in der Grundschule? 5. Meine Eltern kümmern sich um ihren Garten. 6. Ihr müsst euch bei eurem Vermieter beschweren.

27 Zusammenfassung: Artikelwörter, Pronomen, Indefinita

1 1a – 2b – 3b – 4a – 5a – 6b – 7a – 8b – 9b – 10a – 11b – 12b – 13a – 14b – 15b – 16a – 17b – 18b – 19b – 20a – 21b – 22b – 23b – 24b – 25a – 26a – 27b – 28a – 29a – 30b – 31b – 32b – 33a

2 1. deinen, ihren, meiner, mir
2. mein, ich, eures, deinem, es, es, es, unseres

3 *dies-* und *welch-*
1. ● dieses ○ Welches, diese
2. ● welche ○ welche, Die
3. ● diesen ○ Welchen ● diesen ○ Welchen

28 Adjektive nach: *der, das, die, dieser, dieses, diese*

1 Nach den bestimmten Artikeln gibt es die Adjektivendungen: *-e* und *–en*; Nominativ, Akkusativ (Neutrum + Femininum) – Endung: *-e*; Akkusativ (Maskulin), Dativ und alle Plurale – Endung: *-en*

2 der Anzug, die Jacke, der Schuh, der Pullover, die Hose, der Rock, das Halstuch

1. neue 2. ● blauen ○ grauen ● graue 3. ● neue ○ neuen 4. ● alte ● alten 5. ● weiße ○ roten ● weiße 6. ● langen ● kurzen 7. ● blaue

3 1. Die neue Wohnung von Peter ist wunderschön. 2. Hast du das blaue Sofa gesehen? 3. In seiner großen Küche kocht man sicher gern. 4. Ich finde das kleine Wohnzimmer gemütlich. 5. Den runden Esstisch würde ich in die Küche stellen. 6. Mir gefallen die großen Fenster mit den bunten Vorhängen.

29 Adjektive nach: *ein, kein, mein, dein*

1 Nominativ: Maskulinum *-er*, Neutrum *-es*, Femininum *-e*;
Akkusativ: Maskulinum *-en*, Neutrum *-es*, Femininum *-e*;
Dativ: Maskulinum *-en*, Neutrum *-en*, Femininum *-en*;
Plural: Maskulinum *-e*, *-en*, Neutrum *-e*, *-en*, Femininum *-e*, *-en*

2 1. neuer, ersten 2. spannende, aktuelle, anderen 3. letzte, neuer 4. berühmten 5. guten, schöne

3 Beispiel:
Mein Liebling, mein Alles! Jetzt ist es schon fast eine lange Stunde her, seit wir uns gesehen haben. Es kommt mir schon wie viele Monate vor. Vor mir steht mein langweiliger Computer, ich schaue auf den schwarzen Bildschirm und sehe durch ihn hindurch deine grünen Augen. Ich rieche dein süßes Parfüm und höre deine ruhige, helle Stimme. Ich liebe dich. Ich liebe dich so sehr, dass ich an nichts anderes mehr denken kann. Du hast mich mit deinem schönen Lächeln verzaubert. Ich möchte mit dir in einer klaren Sommernacht am Fluss spazieren gehen und an einem dunklen Winterabend in dass gelbe Licht einer Kerze schauen. Ich sehe uns zwei allein auf einer einsamen Insel, wo niemand unser Glück stören kann. Ich sehe uns auf einem hohen Berg in einer alten Hütte, weit weg von der großen, lauten Welt. Glaubst du, dass ich verrückt bin? Ja, ich bin verrückt, verrückt nach deinen schmalen Händen. Ich möchte dein weiches Haar berühren. Ich möchte deine weiße Hand in meiner halten und ich möchte, ich möchte … Bitte ruf mich an. Bitte komm schnell zu mir. Ich brauch dich so sehr. Deine klaren Augen, deinen roten Mund …

30 Adjektive vor dem Nomen – ohne Artikel

1 2. süße, freundliche 3. freundlicher, erfahrener 4. kompetenten, neue 5. neue, runder, grünen 6. Rotes 7. großer, alter 8. Indischer 9. neuwertiger, blau-weißem

1. die Hühner 2. das Kätzchen, die Menschen 3. der Rentner 4. der Hausmeister die Seniorenanlage 5. die Gartenmöbel, der Tisch, die Auflagen 6. das Mädchenfahrrad 7. der Eichenschrank 8. der Teppich, der Sessel 9. das Blumenmuster

31 Vergleiche: Komparativ und Superlativ

1 1. besser 2. lieber 3. besser 4. gesünder 5. mehr

2 1. …, aber ein Essen im Restaurant finde ich viel schöner. 2. …, aber ich esse lieber Spaghetti mit Käse. 3. …, Zitronen haben noch mehr. 4. In Thailand sind Lebensmittel aber noch billiger. 5. …, aber guter Fisch ist heute noch teurer.

6. Aber in Griechenland ist es viel wärmer. 7. Aber der Ararat ist viel höher. 8. Aber Trier ist viel älter. 9. Aber Ankara ist viel jünger. 10. Aber Tokio ist viel größer.

3 Beispiele:
Am liebsten esse ich Suppe. Am schönsten finde ich die Farbe Rot. Am meisten liebe ich meine Tochter. Am besten kann ich singen. Am liebsten bin ich im Bett. Am schönsten finde ich Paris. Am meisten übe ich die Artikel. Am besten kann ich die Verben.

32 Präpositionen

1 Beispiele:
Auf dem Schreibtisch steht immer eine Tasse Kaffee. Ich lese aus dem Buch. Er ist beim Arzt. Der Kurs dauert bis Mai. Ich lerne für die Prüfung. Die Post ist hinter der Schule. Das Buch ist im Regal. Sie lernt mit einer Kollegin. Nach dem Kurs gehen sie ins Kino. Neben dem Tisch steht der Stuhl. Über der Tür hängt eine Uhr. Um 12 Uhr ist der Kurs aus. Unter dem Tisch liegt die Tasche. Von Mai bis Juni ist sie im Urlaub. Von Berlin nach München fährt sie mit dem Zug. Zur Prüfung wünschen wir euch viel Glück. Zwischen der Post und dem Rathaus ist ein Kaufhaus.

2 ohne, für, um

3 1. in der, in die 2. an der, an die 3. auf den, auf dem

4 1. im 2. Vom, bis 3. Ab 4. nach 5. bis 6. Am 7. neben 8. unter 9. auf 10. im 11. vor 12. aus 13. Zwischen 14. Nach, über 15. zum 16. hinter 17. Am 18. Nach 19. Zwischen, bei 20. für

33 Präpositionen: temporal (Zeit) und lokal (Ort)

1 1h – 2d – 3f – 4a – 5b – 6c – 7e – 8g

2 1. Während 2. vor 3. ● zum ○ vom 4. gegenüber 5. Von – an, bis 6. seit

34 Wechselpräpositionen: Ort (Dativ) oder Richtung (Akkusativ)

1 ○ neben dem 2. hinter der 3. ○ unter den 4. ● in deiner ○ auf den 5. ○ in deinen 6. ● auf dem ○ vor dem, auf das Urlaubsorte
7. auf den 8. in den, am 9. in die 10. am 11. Auf, den, dem 12. Von den, Hinter den

35 Zusammenfasung: Grammatiktraining A2

1. 1c – 2a – 3b – 4a – 5c – 6c – 7a – 8b – 9a – 10b – 11c – 12c – 13a – 14a – 15b – 16a – 17b – 18c – 19a – 20c – 21a – 22c – 23b – 24a – 25c – 26b

2 Perfekt und Präteritum
1. Ich habe in Berlin gelebt. 2. Warum bist du nicht gekommen? 3. Suleika konnte nicht kommen. 4. Wir mussten die Party vorbereiten. 5. Ich war in Frankfurt. 6. Karl ist nach Mallorca geflogen. 7. Wann bist du nach Hause gegangen? 8. Hast du mir eine E-Mail geschrieben? 9. Ich wollte meine Mutter besuchen. 10. Warum bist du nicht zu ihr gefahren? 11. Wer hat dir geholfen? 12. Ich hatte einen guten Lehrer.

3 Lange Sätze
2. Wir haben zusammen einen tollen Film aus den Sechzigerjahren gesehen. 3. „Dr. Schiwago" ist ein sehr interessanter Film über die russische Revolution. 4. Morgen will ich mit meinen Freunden eine lange Wanderung in den Bergen machen. 5. Wir fahren morgen um sechs Uhr mit dem Auto von einem Freund nach Garmisch. 6. Wir laufen von dort vier Stunden bis zu einer einsamen Hütte in den

D ANHANG

Bergen. 7. Ich muss während der Woche jeden Morgen um Viertel vor sechs aufstehen. 8. Ich fahre nicht gern um 9 Uhr 30 mit dem vollen Bus in die Uni.

4 (2) dass die Klasse in der ersten Maiwoche ins Schullandheim fährt. (3) Wie Sie vielleicht wissen, ... (4) muss jeden Monat (5) findet immer montags in der ersten Woche von jedem Monat statt (6) Deshalb kann Fabian eigentlich nicht mitfahren (7) teilnehmen kann. (8) Ist es möglich, ... (9) selbst ins Schullandheim bringen (10) regelmäßig nimmt. (11) dass jemand kontrollieren kann, (12) Am besten ist es vielleicht, (13) wenn ich mit Ihnen spreche. (14) Wann kann ich in der Schule vorbeikommen? (15) Mit freundlichen Grüßen

5 1. müssen 2. darf 3. darf 4. darf 5. dürfen 6. dürfen 7. kann 8. müssen 9. können

6 Endungen
a) die Vielfalt, das Angebot, der Lebensbereich, die Auswahl, die Messe, die Entdeckungsreise, die Bedeutung, die Speise, das Nahrungsmittel, die Gesundheit, der Weg

b) Große, elften, breites, ökologischen, allen, großen, größte, erlebnisreiche, interessanter, zentraler, schmackhafte, produzierter, kulinarischen, alternative, guter

7 in, auf, in, vom, bis, in, Ohne, bei, durch, Nach, aus, seit, von, aus

Bildnachweis

S. 2: Illustrationen: Nikola Lainović; S. 4: Ralf Siemieniec – Shutterstock; S. 13: Gergo Orban – Shutterstock; S. 15: Goodluz – Shutterstock; S. 16: tibor5 – iStockphoto; S. 24: StockLite – Shutterstock; S. 25: Fernsehen: Andresr – Shutterstock; Kino: StockLite – Shutterstock; S. 50: Tanuki Photography – iStockphoto; S. 53: vora – iStockphoto; S. 60: Goldmann Verlag; S. 69: Adisa – Shutterstock; S. 71: Joana Kruse – Shutterstock; S. 77: Maridav – Shutterstock; S. 83: Teguh Mujiono – Shutterstock